«Ce rêve béni, ce rêve béni,
Pendant que le monde entier grondait,
M'a réconforté comme un doux rayon de soleil,
Me guidant dans ma solitude sur le sentier de l'esprit.»

EDGAR ALLAN POE

**Distribution**

Pour le Canada:

Les messageries ADP
955, rue Amherst
Montréal (Québec)
H2L 3K4
Tél.: (514) 523-1182

Pour la France:

Dilisco
122, rue Marcel Hartmann
94200 Ivry-sur-Seine
Paris (France)
Tél.: (1) 49 59 50 50

Pour la Belgique:

Vander, s.a.
321, avenue des Volontaires
B-1150 Bruxelles (Belgique)
Tél.: (32-2) 762 9804

Pour la Suisse:

Diffusion Transat, s.a.
Route des Jeunes, 4ter
Case postale 1210
CH-1211 Genève 26
Tél.: (022) 342 7740

# LA ROUE DE
# LA SAGESSE

*Le parcours du lièvre et de la tortue*
*vers l'accomplissement de votre rêve*

**Données de catalogage avant publication (Canada)**

Clubb, Angelika, 1949-

La roue de la sagesse
(Collection Vos richesses intérieures)
Traduction de: The wheel of wisdom.

ISBN    2-89225-280-6

1. But (Psychologie).  2. Succès.  3. Actualisation
de soi.  I. Titre.  II. Collection.
BF637.S8C4814  1996        158'.1        C95-9417265

Cet ouvrage a été publié en langue anglaise sous le titre original:
THE WHEEL OF WISDOM, A TURTLE AND HARE JOURNEY TO
YOUR DREAM
Published by New Canada Publications, a division of NC Press Limited, Box 452,
Station A, Toronto, Ontario, Canada, M5W 1H8
Copyright © Angelika Clubb, 1994
All rights reserved

©, Les éditions Un monde différent ltée, 1996
Pour l'édition en langue française

Dépôts légaux: 1er trimestre 1996
Bibliothèque nationale du Québec
Bibliothèque nationale du Canada
Bibliothèque nationale de France

Conception graphique de la couverture et mise en pages:
OLIVIER LASSER

Illustration de la couverture:
CHRISTINE MARSHALL
Le œuvres de l'artiste sont exposées à la Galerie Christine Marshall
au 1622-B, rue Sherbrooke Ouest à Montréal. Tél.: (514) 931-1110.

Version française:
ANNIE J. OLLIVIER

ISBN 2-89225-280-6
(Édition originale: ISBN 1-55021-082-3, NC Press Limited, Ontario)

 IMPRIMÉ AU CANADA

# ANGELIKA CLUBB

# LA ROUE DE LA SAGESSE

*Le parcours du lièvre et de la tortue
vers l'accomplissement de votre rêve*

Les éditions Un monde différent ltée
3925, Grande-Allée
Saint-Hubert (Québec), Canada
J4T 2V8

## CHEZ LE MÊME ÉDITEUR

**Dans la même collection:**
*Les Lois dynamiques de la prospérité*, Catherine Ponder
*Le mémorandum de Dieu*, Og Mandino
*La télépsychique*, Joseph Murphy
*Le Pouvoir triomphant de l'amour*, Catherine Ponder
*La Roue de la sagesse*, Angelika Clubb

*En vente chez votre libraire ou à la maison d'édition*
*Prix sujets à changement sans préavis*

*Si vous désirez obtenir le catalogue de nos parutions,*
*il vous suffit de nous écrire à l'adresse suivante:*
*Les éditions Un monde différent ltée*
*3925, Grande-Allée*
*Saint-Hubert (Québec), Canada J4T 2V8*
*ou de composer le (514) 656-2660*

# TABLE DES MATIÈRES

# REMERCIEMENTS

J'aimerais exprimer ma profonde gratitude et mon amour aux personnes suivantes:

À David Clubb, mon conjoint et mon associé dans le rêve et dans le plan.

À Rose et Kurt Neumann, la première tortue et le premier lièvre à m'avoir enseigné la vie, et dont le soutien à un point crucial de mon existence a complètement changé les choses.

À Evelyn Reid, cette tortue avisée qui, la première, a lancé l'expression «tout rêve a besoin d'un plan » et qui m'a fait part de ses merveilleux commentaires dans l'intimité de sa cuisine.

À Kurt et Lu Schick, dont l'amitié, le discernement et l'aide professionnelle ont été indispensables à la maturation de cet ouvrage.

À Marie Stilkind, qui s'attaqua la première au manuscrit, y apportant sa créativité, son expérience de réviseure et son intuition.

À Cristian et Karen Koos, Heidi Neumann-Hill, Maria Casimirri, Elaine et Yvonne Pitre, Kit et Carl Ljungberg, Patricia Harris, Elizabeth Tudhope, Artemus Cole, Jeanette Metler, Brian Williams, Sonya Sullivan, Ruth Bernold, Steve O'Neill, Terri Richard, Judy Fulton, Janet Parker-Vaughan, Christine Hodson, Adrian Doubleday, Jack McClelland et Linda Quirino, Donna et Jim Drury, Heather et Jean Kingshott et Sara Thiereault pour leur contribution personnelle respective.

À Brenda et Dave Richards qui ont conçu et aménagé mon coin pour écrire et créé sans le savoir mon «mur des souhaits». Et à Emil et Irene Shamash qui m'ont fait cadeau du bureau et de la chaise pour que je puisse commencer à écrire.

À Lynette Brooker de *Circling Hawk Center* et *Country Clutter* qui m'a généreusement fait part de sa sagesse, de son amitié et de ses relations lorsque j'ai mis sur pied *Angelika & Co.*; à Jim Maguire de la librairie *The Book Store*, ainsi que Sylvia Purdon, qui m'ont soutenue dès les débuts de cette entreprise; à Frances Cowan, Geila Bar-David et Terry et

Sandy Cowan qui ont animé les lieux de prières et de musique la veille de l'ouverture; et aux nombreux et merveilleux clients qui viennent me voir toute l'année et qui font que ma boutique est devenue bien plus que les cadeaux qu'elle propose.

À Audrey van Petegem, pour avoir offert la photographie de la couverture arrière.

À Janet Stahle-Fraser, dont l'amitié, la vision pour la couverture et le dévouement pour ce livre ont su aiguillonner ma *tortue intérieure* pour mener ce projet à terme.

À ma maison d'édition NC Press, représentée par Caroline Walker, Janet Walker, Wanita Storms et Gim-yu Eng, pour leur enthousiasme, pour avoir cru à mon livre et avoir réussi à le faire paraître en un temps record de lièvre.

À tous les hommes et toutes les femmes de mon entourage, ainsi qu'à nos enfants Amy, Christopher, Andrew et Kate Clubb pour ce qu'ils m'ont appris sur l'amour.

# INTRODUCTION

Je m'étais absentée pour le week-end au chalet de mon amie Evelyn, situé près d'un lac. Nous nous trouvions elle et moi dans un «entre-deux». Evelyn entre deux contrats et moi entre deux projets d'écriture. Nous étions entre autres très impatientes de discuter d'idées nouvelles, et même peut-être d'en venir à un plan.

Evelyn, une femme d'affaires bien terre à terre, avait apporté quelques objets essentiels: un produit pour calfeutrer la salle de bain (elle faisait chaque jour une petite chose concrète), un roman léger et un bon quotidien. Moi aussi, j'avais apporté l'essentiel: mon journal intime et mon stylo préféré, de la musique, des cassettes de méditation, et un bon gâteau au citron. Et nous passâmes ainsi un merveilleux week-end, nous racontant les rêves et les plans de nos univers respectifs, celui de la planificatrice et celui de la rêveuse.

Le rêve de mon conjoint, David, avait amené toute la famille à déménager dans les bois situés au nord de Muskoka en Ontario, au Canada. Ce changement nous avait éloignés de la famille, de nos relations, de la ville et d'un style de vie que nous connaissions bien. Alors que chacun de nous s'adaptait à sa façon aux changements, commença pour moi une période d'introspection et de questionnement durant laquelle je passai en revue tous mes objectifs. Je me mis à regarder de près mes anciens rêves ainsi que la motivation les accompagnant afin de pouvoir comprendre mon propre parcours.

Je me posai également quelques questions fondamentales, entre autres celle-ci: Pourquoi certains de mes rêves avaient «marché», alors que d'autres, malgré mes meilleures intentions, avaient fini par n'être que des cycles de projets avortés et des plans manqués? Je découvris que je ne savais pas comment m'engager totalement dans une démarche progressive appuyée d'un solide plan et d'une discipline suivie, propres à la tortue à mon avis. Pour donner une métaphore à ma vie, j'adoptai la fable bien connue de Jean de La Fontaine: *Le Lièvre et la Tortue.*

Les rêveurs et les planificateurs possèdent deux types de personnalité fondamentalement distincts et opposés: le lièvre et la tortue. Dans ce livre, je remanie cette vieille fable ainsi qu'une vieille attitude. Si les rêveurs et les planificateurs pouvaient seulement acquérir la «sagesse du hibou» (la créativité du lièvre combinée à la persévérance de la tortue), alors les rêveurs pourraient penser à créer de grands plans et les planificateurs se livrer à de grands rêves. Il existe des lièvres et des tortues très avisés qui savent déjà faire les deux. Ce n'était pas mon cas.

Cet ouvrage, *La Roue de la sagesse*, parle de ce qu'il faut faire pour se servir aussi bien de l'énergie de la tortue que de celle du lièvre en vous, c'est-à-dire de donner un plan à votre rêve et un rêve à votre plan. Ainsi vous réussirez à atteindre les buts que vous espérez atteindre dans votre vie. Utilisez les chapitres intitulés « Sagesse » de la façon ou dans l'ordre qui vous convient le mieux. Que vous soyez rendu au plus fort de votre rêve ou que ce livre vous parle car justement vous n'avez pas de rêve, vous découvrirez que le parcours qui mène à la réalisation de ce rêve *constitue* en fait le rêve. Je peux vous garantir que cette aventure vous apportera défis, croissance personnelle et enchantement.

Le rêve nous interpelle du bout de l'arc-en-ciel, mais le plan et le parcours qui y conduisent commencent toujours ici et maintenant. Et puisque chaque jour amène de nouvelles possibilités, de nouvelles ouvertures, vous pouvez dès maintenant, si vous le désirez, inciter le rêve à entrer dans votre vie et entreprendre un plan.

Je vous souhaite un parcours inoubliable!

# Le Lièvre et la Tortue

### La fable racontée de nouveau

*«Un vieil hibou très sage était perché sur un chêne,*
*Plus il voyait, moins il parlait;*
*Et moins il parlait, plus il écoutait.*
*Puissions-nous ressembler à ce vieil oiseau avisé!»*

EDWARD HERSEY RICHARD

# Le Lièvre et la Tortue
## La fable racontée de nouveau

S ur une route de campagne, au coeur de la journée, le lièvre
et la tortue s'aperçurent de loin. Ils se dirigeaient l'un vers
l'autre.

*«Comme cette tortue est une créature peu intéressante et
lente»*, pensa le lièvre. Il regarda avec mépris les pattes courtes
et épaisses de la tortue, ainsi que ses pieds griffus et sa petite
tête. «Elle a l'air grotesque avec ce corps courtaud et aplati.
Je me demande comment elle fait pour se rendre quelque
part et comment peut-elle même se mouvoir avec cette
démarche balourde et traînante?»

Alors qu'elle se rapprochait lentement du lièvre, la tortue
constata qu'elle ne pouvait en aucune façon éviter cette
rencontre fortuite. *«Ce lièvre n'est qu'un vantard qui déplace
beaucoup de vent»*, pensa la tortue. «Regardez-moi ces pattes
dégingandées et ces oreilles ridicules! Je me demande comment
il fait pour arriver à destination alors qu'il bondit dans cinq
directions à la fois.» Plus ils se rapprochaient, plus il devenait
évident qu'ils éprouvaient l'un pour l'autre beaucoup d'amour.

«Bonjour», dit la tortue d'un ton cérémonieux.

— Salut», répondit le lièvre. «Où vas-tu ainsi?

— Je me rends au village de l'autre côté de la colline», répondit la tortue.

Le lièvre ne put résister à l'envie d'être cynique et lui lança:
«Penses-tu y arriver cette semaine?», demanda-t-il.

La tortue, irritée par cette pointe, enfonça ses grosses pattes
encore plus fermement dans le sol et poursuivit sa route.
*«Comme je me contrôle bien!»*, pensa-t-elle fièrement. *«Cette
boule de fourrure énervée ne mérite même pas qu'on lui réponde.»*

Le lièvre devint furieux. Être ignoré de cette balourde à
la démarche traînante représentait pour lui la pire des in-
sultes.

«Il vaut mieux que tu ne t'arrêtes pas, ennuyeuse tortue,
car je pourrais faire plusieurs fois le tour du village et de toi en

courant avant même que tu aies franchi cette colline.» Un sourire narquois aux lèvres, il ajouta: «Et avec tes pattes courtes, j'ose affirmer que tu pourrais marcher toute ta vie durant sans n'arriver jamais nulle part!»

Incapable de se contenir plus longtemps, la tortue releva la tête et regarda le lièvre d'un air furieux: «Je suis fatiguée de ton arrogance. Je t'ai souvent observé et je suis lasse de te voir danser de ci, de là et ne rien faire. Je relève ton défi et nous verrons bien qui arrivera le premier au village.»

Le lièvre s'esclaffa, étonné que cette créature lourdaude puisse oser le défier. «Je constate que tu as la tête aussi dure que ta carapace», rétorqua-t-il. «Je t'attendrai aux portes du village, si jamais tu t'y rends.» Puis, d'un seul grand bond, il disparut, laissant la tortue loin derrière lui dans un nuage de poussière.

La tortue poussa un profond soupir et se mit calmement en devoir de parcourir le chemin. *Je connais bien ce lièvre*, pensa-t-elle. *«Il se laissera distraire par le premier carré de laitue sauvage qu'il trouvera sur son passage, ou encore il rencontrera un vieil ami avec qui il bavardera pendant des heures, ou bien il changera peut-être complètement d'avis. Peu importe. Je dois me rendre au village de la façon la plus efficace que je connaisse. J'ai déjà emprunté ce sentier à de nombreuses reprises.»*

La tortue avançait droit devant sur le sentier avec détermination, ne regardant ni à droite ni à gauche. «Si je maintiens ce rythme sans prendre de pause, je devrais arriver au village juste à l'heure du thé.» Son objectif bien en tête, la tortue s'imagina le délicieux gâteau sec aux raisins de Corinthe qu'elle dégusterait une fois arrivée au village.

Pendant ce temps, le lièvre, malgré sa langue bien déliée, était dans le fin fond un bon bougre et chaleureux de surcroît, se fustigeait déjà d'avoir incité la tortue à faire la course avec lui. «Je pense que j'inviterai ma vieille amie à boire un thé glacé après ma victoire et, pour bien lui montrer que je ne lui garde aucune rancune, je lui offrirai un de ces gâteaux secs aux raisins qu'elle aime tant.»

Il avait l'esprit tellement préoccupé par la tortue et il était si content de lui et de son idée, qu'il n'avait pas remarqué à quel point il se sentait tout d'un coup épuisé après avoir gravi à toute vitesse la colline. «Je dois penser à faire de l'exercice plus régulièrement», dit-il en haletant. «Il faut que je me repose pour reprendre des forces; pourquoi ne pas trouver aussi quelque chose à me mettre sous la dent avant de continuer?»

En moins de temps qu'il ne faut pour le dire, le lièvre aux pattes élancées avait déniché un beau carré d'herbe tendre près du sentier et s'installa aussitôt à l'ombre rafraîchissante d'un chêne pour déguster avec plaisir cet en-cas. «Ah! c'est le paradis! » soupira-t-il d'aise en se laissant tomber à la renverse sur un moelleux tapis de mousse. «Je n'ai pas ménagé mes forces et je mérite bien un peu de repos. De toute façon, ça prendra des heures avant que la tortue arrive ici.»

La brise était divine. «C'est si agréable de ne pas avoir à se dépêcher. Si seulement je savais comment la tortue trouve l'énergie pour maintenir ce rythme continu.» Bien sûr, le lièvre ne l'aurait jamais admis devant quiconque, mais il enviait parfois la tortue. Il enviait sa façon de persévérer une fois sa décision prise, il admirait sa discipline personnelle constante. Après avoir couru le plus vite possible pour accentuer son avance sur elle et s'étant bien repu, le lièvre tomba endormi. Il n'avait même pas entrevu le hibou qui, perché immobile sur le chêne, les yeux mi-clos, attendait la tortue en silence.

La tortue avançait à pas pesants exactement comme elle l'avait planifié. Bien sûr, elle ne l'aurait jamais admis devant quiconque, mais ce trajet l'avait exténuée: pas une seconde de repos ni de nourriture. Elle enviait parfois le lièvre pour sa rapidité et ses grands élans d'enthousiasme. La chance lui souriait souvent et il avait de brillantes idées. La tortue se demandait comment serait sa vie si elle devenait aussi passionnante que celle du lièvre.

«Voyez comme il dort», murmura la tortue en approchant de l'arbre sous lequel le lièvre était assoupi. *«Je savais bien que quelque chose te retiendrait, espèce d'idiot! Tu ne penses pas, tu ne planifies pas et c'est moi qui vais te dépasser et arriver la première au village»*, songea-t-elle.

Lentement et sans aucun bruit, la tortue passa devant le chêne sans apercevoir le hibou qui, de sa haute branche, l'observait poursuivre son trajet.

Mais l'après-midi vint, le temps fraîchit et le coin de mousse sur lequel le lièvre était couché devint humide: le lièvre s'éveilla en sursaut. «Sapristi! Parbleu! Mais où suis-je? » Puis, en regardant autour de lui, il se souvint de la tortue et de la course. «Quelle heure est-il? Combien de temps ai-je dormi?» Et d'un coup sec, il bondit sur ses pattes et se mit à courir à grandes enjambées vers le sommet de la colline pour rattraper et dépasser la tortue. «Il est impossible qu'elle soit déjà si loin! C'est tout simplement invraisemblable!»

Mais comme il surgissait tel un éclair au sommet de la colline, le lièvre vit sa rivale dans le lointain et constata avec consternation qu'elle se rapprochait dangereusement des portes du village. Même avec ses fantastiques longues pattes de coureur et avec ses bonds gigantesques par dessus les rochers, il n'arriverait pas à temps. *Et voilà*, pensa-t-il à regret. *La tortue a remporté la course après tout.* Et, pour la première fois, le lièvre remarqua le hibou perché sur la porte du village et qui observait. «Zut! Et en plus, nous avons un témoin!»

Pendant ce temps-là, la tortue regardait le lièvre venir. Il lui était agréable d'avoir gagné, mais peut-être pas tout à fait aussi satisfaisant qu'elle l'aurait cru. Elle était lasse et sans entrain. Comme elle aurait apprécié elle aussi ce petit coin de mousse sous l'arbre! Et comme elle aurait souhaité prendre une bouchée et voyager en charmante compagnie! Après tout, ce trajet avait été laborieux, pénible.

Enfin, le lièvre arriva aux portes du village, un sourire résigné aux lèvres. «Je sais! Je sais! Tu n'as pas besoin de me le dire. Lentement, mais sûrement! Ainsi atteint-on son but à tout coup, n'est-ce pas?» Et, se rappelant ses bonnes intentions, il invita la tortue à prendre le thé et à manger des petits gâteaux secs.

La tortue en ressentit beaucoup de plaisir mais elle ne le manifesta pas car ce n'était pas dans sa nature. Au lieu de ça, elle demanda au lièvre: «Comment fais-tu pour avoir toutes ces idées-là?

— Je les laisse envahir mon esprit», répondit le lièvre, «puis je joue avec elles comme si elles faisaient partie d'un jeu pour voir où elles veulent me mener.»

— Cela me semble un peu risqué», répliqua la tortue. «C'est pour cette raison que je ne me laisse pas emporter par mes émotions.

— C'est dommage», dit le lièvre. «Moi, je m'invente de grands rêves. Parfois, ils se réalisent, d'autres fois non.» Puis il se mit à rire. « Je n'ai jamais vraiment compris pourquoi certaines de mes meilleures idées n'ont jamais abouti.

— Probablement parce que tu n'avais aucun plan», répondit la tortue avec un sourire forcé. «Tout d'abord, il te faut un plan et ensuite, il faut t'en tenir à ce plan.

— Mais comment arrives-tu à si bien te discipliner?», demanda le lièvre en gémissant quelque peu.

— Au début, je me fixais une petite tâche à réaliser par jour», répliqua la tortue. «Mais il importe avant tout de vraiment vouloir se discipliner, sinon ça ne fonctionne pas.

— Je me suis mis en tête de faire une promenade à travers champs», poursuivit le lièvre avec passion, «mais je me demande si j'y arriverai. Si seulement j'avais un peu de ton endurance, chère tortue.

— Je pourrais t'enseigner cela assez facilement», répondit la tortue. «Mais pour moi, entreprendre un si long parcours à travers la campagne est un rêve beaucoup trop ambitieux.

— Pas si tu le planifies», riposta le lièvre du tac au tac. «N'est-ce pas là ce que tu disais? D'abord, il faut un plan. Eh bien, j'ai le rêve et, toi, tu as le plan, non?»

Ni la tortue ni le lièvre ne parlèrent pendant les instants qui suivirent. Et le hibou, toujours perché sur la porte du village, les yeux mi-clos, regardait en silence les deux compères qui parlaient avec animation. Puis ils disparurent et entrèrent au bistrot du village.

*Morale de la fable:*      *Les tortues et les lièvres ont beaucoup à apprendre l'un de l'autre. Mais les hiboux savent que* **tout grand rêve nécessite un plan, et que tout grand plan a besoin d'un rêve.**

# PARTIE 1
# Le mur des souhaits

*«Les rêves se trouvent parmi nos plus précieuses possessions.*
*Je soutiens que les rêves n'appartiennent*
*pas seulement à la nuit.*
*Instruments du dépassement de soi*
*et de l'enjolivement des lendemains,*
*les rêves font également du jour*
*leur domaine de prédilection.»*

ALGERNON BLACK

# Le mur des souhaits

L'installation de mon nouveau bureau fut le résultat d'un timing bien particulier et de souhaits extraordinaires.

Je scrutais depuis quelque temps au tréfonds de moi afin de savoir si, après tout, mon rêve était véritablement de gagner ma vie comme écrivaine. Si je choisissais cette vie, je voulais définitivement quitter ce coin de cuisine ou de table de salle à manger que j'utilisais pour écrire. Je voulais me vouer à nouveau à mon métier et le faire dans un endroit consacré à ce seul et unique usage. Une autre chose était également claire pour moi: créativité mise à part, j'avais maintenant besoin d'accomplir cette activité comme si je menais une entreprise. C'était mon plan.

Dave, l'entrepreneur, conçut l'aménagement d'un espace restreint mais très fonctionnel à proximité de la salle à manger. Mon bureau, avec de grandes fenêtres et une porte pour l'insonoriser, deviendrait en quelque sorte le prolongement de la véranda adjacente. Peu de temps après, une fondation composée de blocs de ciment fut édifiée au-dessous du niveau du sol. Enthousiasmée par la progression des travaux, je rôdais autour de Dave pour bavarder. Il avait fini de boire un café et jeta son verre de carton dans le trou du bloc de béton.

«Pourquoi as-tu mis ça dans le trou du bloc?», lui demandai-je.

— Mais c'est juste un verre de carton », répondit-il en me lançant un regard sous-entendant que les écrivains sont des êtres un peu bizarres. «Le ciment le recouvrira de toute manière.

— Mais c'est l'espace sacré où je vais écrire, c'est mon nouveau bureau!», protestai-je. «C'est l'endroit où mon livre va voir le jour. Si quoi que ce soit doit entrer dans ce mur, ce ne pourra être que mes souhaits et mes rêves.»

Je retirai le verre du parpaing. Puis je trouvai un morceau de papier sur lequel j'écrivis les choses que je souhaitais et que j'espérais voir se réaliser dans ma vie. Je roulai ensuite la feuille, nouai autour d'elle un ruban bleu et je la laissai tomber dans un trou d'un mètre de profondeur. Le morceau de papier disparut dans la fondation grise de mon mur des souhaits, dans un moment de silence plein de vénération.

«Tu vois, Dave, il existe des fontaines et des puits pour exprimer des souhaits, mais moi, j'ai un mur. Pourquoi n'y mettrais-tu pas un souhait toi aussi?

— Peut-être demain», répondit-il en souriant.

Mais le jour suivant, il plut et Dave ne put pas cimenter le mur. Mon mur des souhaits était cependant protégé de la pluie et les ouvertures des blocs semblaient inviter d'autres souhaits. Je me mis alors à rédiger des souhaits pour mes amis et ma famille sur de petits parchemins. En l'espace de quelques heures, j'avais rédigé des souhaits de santé, de paix mondiale, de prospérité, de bénédiction et d'amour pour les personnes qui m'étaient chères. Mon amie Elizabeth me fit ses recommandations par téléphone: «Écris seulement *Pour Elizabeth, souhait silencieux* sur le papier et mets-le dans le mur. La prochaine fois que je viendrai, je me tiendrai devant ton mur et je ferai moi-même le souhait.» *Idée brillante*, pensai-je.

Je demandai à ma fille Kate: «Vas-tu écrire tes souhaits et les mettre dans mon mur? Tu sais, c'est un mur très spécial.» Kate s'affaira à la rédaction de ses souhaits et de ses rêves. La magie devenait contagieuse. Mes amis qui vivaient de l'autre côté du chemin vinrent avec leurs deux enfants pour glisser leurs souhaits dans mon mur. Le wek-end suivant, mes parents nous rendirent visite. Le mur n'était toujours pas obturé.

«C'est l'occasion ou jamais pour vous», dis-je. «C'est le moment de mettre vos rêves dans mon mur.

— Oh», dit ma mère en soupirant, «je n'ai plus tellement de rêves. Je veux seulement que mes filles soient heureuses.

— Alors, écris-le», lui répondis-je. «Mais je suis sûre que tu trouveras bien quelque chose d'autre à souhaiter.

Pendant ce temps-là, sous la véranda, mon père écrivait d'un air pensif.

«Angie, il n'y a que *toi* pour penser à avoir un mur des souhaits!», dit ma mère en riant. Il avait fallu la pousser un peu, mais ma tortue de mère avait fini par aller au-delà d'elle-même et avait rédigé ses rêves à elle sur une petite feuille de papier. Et cela faisait plaisir de la voir s'amuser.

Au cours d'un rituel de famille, enregistré grâce au camé-scope de mon père, nous regardâmes tomber nos voeux au fond du mur des souhaits.

Mais la plus belle anecdote, ce fut quand ma jeune amie Sara, âgée de sept ans, vint passer la soirée chez nous avec sa famille. Je leur parlai des nombreux souhaits qui se trouvaient déjà dans le mur et je suggérai que nous y glissions les nôtres tous ensemble, un peu plus tard au clair de lune. Sara fut sur-le-champ enchantée par l'idée, elle se munit d'un papier et d'un crayon, puis disparut.

«Angie, comment épelles-tu *chien*?», me demanda-t-elle de l'intérieur de la maison. Puis quelques minutes plus tard: «Et comment épelles-tu *tortue*?»

Nous décidâmes d'allumer une chandelle. Notre fils Christopher jouait un air à la guitare en guise d'accompagne-ment pour cette petite célébration. Sara me demanda si elle pouvait tenir la chandelle. Au clair de lune et nos souhaits en main, nous formâmes une petite procession que Sara menait, chandelle éclairée à la main, immédiatement suivie de Chris-topher qui jouait sur sa guitare classique un air de blues *J'avais un chien et il s'appelait Blue*. Cette nuit d'été était délicieuse; l'herbe perlait de gouttes de rosée. Pendant notre procession, je mariais mes propres paroles à la musique:

> *«J'ai un voeu et nous allons vers le mur*
> *Pour chacun y glisser nos rêves.»*

Sara croyait en ce mur plus que quiconque. Aussi avait-elle également besoin d'en contester l'enchantement.

«Est-ce que le rêve se réalisera vraiment?», me demanda-t-elle. «Est-ce qu'il se réalisera vraiment si je le mets dans ton mur des souhaits?» Lorsqu'un enfant a une telle confiance, que ce soit en un mur des souhaits ou en ce que dit un adulte, la responsabilité est immense.

— Sara», lui répondis-je, «je ne sais pas si ton rêve se réali-sera; seul Dieu le sait. Mais, par contre, je suis sûre d'une chose: si tes souhaits d'aujourd'hui ne se réalisent pas, d'autres choses se concrétiseront à leur place, qui seront tout aussi bien, si ce n'est mieux encore. Et tu devras faire preuve de patience jusqu'à ce que cela se produise. Et quand cela arrivera, tu sauras que c'est ce qui devait t'arriver parce que tu auras mis un souhait dans ce mur.

— D'accord», dit-elle. Je vis qu'elle était totalement satisfaite de l'explication que je lui avais fournie.

Sur ce plan-là, les adultes sont beaucoup plus sceptiques, même s'ils osent exprimer leurs souhaits. Mais avec les souhaits de Sara dans mon mur, comment moi-même pouvais-je ne pas y croire? Je savais également que, si le découragement m'assaillait un jour ou l'autre pendant que j'écrivais, je pourrais immanquablement nourrir mon rêve de l'énergie de tous ces merveilleux rêves et souhaits.

Le lundi suivant, Dave vint fermer mon mur de ciment. Il s'y trouvait presque 300 souhaits.

# PARTIE 2
# Les lièvres rêvent
# et les tortues planifient

*« Observez bien la tortue.*
*Elle fait des progrès seulement*
*quand elle prend des risques. »*

JAMES BRYANT CONANT

# Les types de personnalité: tortue ou lièvre

*«Toutes les pensées de la tortue sont propres à la tortue*
*Et celles du lièvre sont caractéristiques du lièvre.»*

RALPH WALDO EMERSON

Être de *type tortue* ou de *type lièvre* veut simplement dire que notre personnalité exprime les aspects positifs et négatifs que nous attribuons de façon symbolique à la tortue et au lièvre. Autrement dit, nous pouvons exprimer aussi bien ce qu'il y a de meilleur chez le lièvre et l'énergie de la tortue, que ce qu'il y a de pire.

Très souvent, nous sommes des tortues dans un domaine de notre vie et des lièvres dans un autre. Par exemple, il se peut fort bien que nous ayons besoin de fonctionner comme une tortue au travail et que notre côté lièvre s'exprime au moment de nos vacances, alors que nous choisissons des circuits d'aventures hors de l'ordinaire. Ou encore donnerons-nous l'impression d'être une tortue par notre intention de conserver le même emploi des années durant, mais par contre nos besoins de type lièvre trouveront satisfaction dans la variété que notre travail nous procure, par les clients avec lesquels nous établissons des liens ou encore grâce aux occasions de déplacements et de voyages.

Les lièvres ont besoin de changement et de stimulation. Les tortues ont besoin de sécurité et de continuité. Les lièvres sont extravertis et créatifs. Les tortues, introverties et ordonnées. Si vous êtes de ceux qui font appel à l'élément inventif de leur cerveau, alors c'est l'énergie du lièvre qui vous anime. Si vous êtes plutôt porté à adopter une démarche prudente et méthodique, c'est l'énergie de la tortue qui s'exprime. Extérieurement vous donnez peut-être l'impression d'être un lièvre, alors qu'en réalité, vous vous sentez tortue. Il peut arriver qu'une femme perçoive son conjoint comme une tortue, alors que ses collègues de travail verront en lui un lièvre. D'autre part, il se peut que certains vous considèrent comme une tortue en fonction du rôle professionnel qu'ils vous ont vu jouer, mais vous-même vous sentirez et agirez comme un lièvre dans tous les autres domaines.

J'ai toujours donné l'impression d'aimer les défis, de vouloir du changement et de m'adapter facilement à ce dernier. Dans le cadre de mon métier d'écrivaine, j'ai toujours semblé prendre des risques sur le plan créatif malgré les rejets, dénicher de nouvelles idées et me plonger dans des projets dont certains n'ont jamais décollé. Je me suis souvent comportée ou me suis souvent exprimée exactement à la façon d'un lièvre. Pourtant, la vérité est que peu de gens me connaissent comme une tortue très dévouée en ce qui concerne la maison et les enfants. Notre changement de style de vie quand nous avons déménagé à Muskoka m'amena à m'inquiéter au sujet de la transition sociale à laquelle les enfants devraient s'ajuster, de nos finances et de ma capacité à mener de front de façon équilibrée mes aspirations professionnelles et mes activités familiales.

Sans tenir compte de la façon dont les autres vous voient, quelle personnalité de base pensez-vous vraiment avoir? Pendant que vous lisez les listes des aspects positifs et négatifs du lièvre et de la tortue, laissez votre intuition vous suggérer lesquels de ces aspects correspondent le mieux à ce que vous êtes. Demandez-vous si vous pensez être principalement l'un ou l'autre, une tortue ou un lièvre. Il se peut bien que vous soyez les deux.

## La tortue

**Les aspects positifs de la tortue:**
- Organisé et apte à s'en tenir à une routine.
- Aptitude moindre à travailler, parler ou faire quoi que ce soit à la hâte.
- Bon pour résoudre les problèmes.
- Garde son calme dans les moments de crise. Pondéré.
- Habile au point de vue financier. Économise et épargne souvent.
- Responsable. Capable d'en prendre beaucoup sur les épaules.

- Engagé, loyal et constant face au travail et à la famille.
- Stable. A un besoin ardent de sécurité.
- Axé sur la tâche. Persévérant.
- Souvent conventionnel ou traditionnel.
- Soucieux du détail. Esprit méthodique.
- Respecte les échéances sans problème.
- Toujours ponctuel.
- Rationnel et logique. Penseur de l'hémisphère gauche.
- Réfléchit avant d'agir.
- Dispose d'une énergie constante et peut travailler pendant de longues heures.
- Travaille extrêmement fort. Ne compte pas ses heures.
- En contrôle.
- Déterminé et souvent affirmatif.
- Lent à se mettre en colère. Réfléchit avant de réagir.

**Les aspects négatifs de la tortue:**
- Pas aventureux.
- Parfois trop axé sur les échéances et trop rigide en ce qui concerne le temps.
- Peut être têtu.
- Mal à l'aise quand il se trouve hors de ses limites sécurisantes.
- Peut sembler trop sérieux ou s'inquiéter trop.
- Peut traîner de la patte.
- Peut donner l'impression d'être ennuyeux.
- En général, il cache ses sentiments. Parfois trop réservé.
- Peut être trop négatif ou trop prudent.
- Exigeant envers soi et les autres.
- Peut parfois manquer de recul.
- Rechigne à faire face aux problèmes (se réfugie dans sa carapace).
- Exerce trop de contrôle sur soi et sur les autres.

# Le lièvre

**Les aspects positifs du lièvre:**
- Bon communicateur.
- Disposé à prendre des risques.
- Axé sur les idées et les visions.
- Aventureux. Aime l'animation, les voyages, l'inconnu.
- Sociable. Interagit facilement avec toutes sortes de gens.
- Axé sur les buts et les résultats.
- Pas conventionnel.
- Extroverti.
- A un grand esprit d'entreprise.
- Spontané. Aime s'amuser.
- Esprit inventif, créatif et intuitif.
- Passionné et enthousiaste.
- Bourré de talents divers.
- Ouvert et sensible.
- A l'esprit vif et le sens de l'humour.
- Travaille fort pour les choses qu'il aime.
- Parfois idéaliste ou rêveur.
- Penseur de l'hémisphère droit (souvent).
- Très généreux d'esprit.
- Beaucoup de passe-temps et d'intérêts.

**Les aspects négatifs du lièvre:**
- Ne réfléchit pas à fond aux choses. Impulsif.
- Réagit trop rapidement. Compulsif.
- S'impatiente ou se met en colère rapidement.
- Est parfois turbulent, insatisfait et indécis.
- Parfois nerveux ou agité.
- Parfois prétentieux ou pompeux.
- Peut dépenser sans compter.
- Peut disperser son énergie ou ne pas être concentré. Facilement distrait.
- Audacieux et confiant extérieurement; craintif sous la surface.
- Souvent irréaliste.
- Trop occupé par trop de choses à la fois.

- Peut manquer d'organisation et être brouillon. N'aime pas les détails.
- Prédisposé à l'épuisement car débordé par les tâches.

## Êtes-vous tortue et lièvre à la fois?

*En toute tortue véritable sommeille un lièvre.*
*En tout lièvre véritable sommeille une tortue.*

Tout comme les introvertis cachent souvent leur côté extraverti et vice versa, il en va de même pour les tortues et les lièvres. En tout lièvre véritable sommeille une tortue et en toute tortue véritable sommeille un lièvre. Nous sommes parfois inconscients de ces contreparties qui vivent en nous et n'avons pas pris le temps de les laisser se développer. Mais, souvent, ces fortes «contre-personnalités» ont seulement besoin que nous leur permettions consciemment de s'exprimer.

Que nous en soyons conscient ou pas, la plupart des gens de type tortue doivent laisser leur lièvre s'exprimer de temps à autre et ceux du type lièvre doivent en faire de même avec leur tortue. L'énergie de la tortue aide le lièvre à poursuivre son travail pendant de longues heures, à faire le grand ménage dans le garage ou à remplir les formulaires de déclaration des revenus. Mais notre contrepartie peut nous surprendre tout à coup. Nous serons convaincu d'être une inébranlable tortue jusqu'à ce que la quarantaine approche, moment auquel nous choisirons soudainement de prendre un immense risque en faisant du parachutisme.

D'autres personnes savent que c'est leur lièvre qui raffole des stimulations agréables associées à la nourriture et à la boisson. «Le lièvre en moi n'a aucun contrôle le week-end et j'abuse continuellement», reconnaît mon amie Anne en se plaignant. Une autre de mes amies est un lièvre de A à Z, sauf quand le sujet de l'éducation des enfants est soulevé dans la conversation.

Ses opinions basculent alors aussitôt dans le camp de la tortue très conservatrice.

Les véritables tortues réservent également des surprises. Alors qu'elles tendent en général à éviter le risque dans la plupart des domaines et sont nombreuses à évoluer dans le monde conservateur des affaires du neuf à cinq, certaines auront leur brevet de pilote ou s'intéresseront aux courses de pur-sang.

En bref mais de façon significative, votre «contre-personnalité» se fait connaître peu à peu. Votre autre personnalité vous suit donc sans relâche, un peu comme une ombre.

## Les tortues répugnent à avouer qu'elles rêvent

Les gens de type tortue se considèrent rarement comme des rêveurs. Et certaines tortues estiment même ne pas avoir de rêves du tout.

«Je ne suis pas un rêveur, non, non. Remarque bien que je rêve la nuit, mais je peux t'assurer que je ne pense pas au genre de rêves que tu me décris», me dit un jour mon ami Dick.

— Allez, Dick», répondis-je, «bien sûr que tu as des rêves!

— Mais non, Angie», insista-t-il, «je n'ai pas de rêves.

— Est-ce que tu ne rêves pas depuis des années d'attraper un fameux brochet?», lui demandai-je.

— Oui, c'est vrai, et je projette d'essayer encore cette année.

— Et tu ne lis pas tout ce que tu peux trouver sur les brochets et tu ne penses pas à tout ce dont tu auras besoin pour l'expédition, et tu ne t'achètes pas les nouvelles lignes qu'il faut pour cela et tu n'en discutes pas avec tes copains chaque fois que vous vous retrouvez pour jouer aux cartes? Moi, je dirais que c'est un rêve que tu aimerais voir se réaliser. N'est-ce pas la vérité?

— J'imagine que si tu considères les choses sous cet angle, tu peux dire que vouloir attraper un brochet est un rêve. Ça fait assez longtemps que je le talonne celui-là! Je ne suis pas prêt de le lâcher!»

Dick finit par admettre qu'il avait aussi un rêve.

Étant donné que mon ami croit sincèrement qu'il attrapera ce brochet un jour, nous ne pouvons pas qualifier de fantasme son expédition annuelle de pêche dans laquelle il nourrit tant de grands espoirs. Et étant donné aussi qu'il a déjà accordé à cette activité autant d'effort de planification, de patience et d'énergie créative, nous ne pouvons pas non plus dire qu'il s'agit d'un souhait. Jusqu'au moment où il sortira de l'eau son énorme brochet, ce projet demeurera son rêve à lui.

Cependant, Dick est une tortue, il parle donc encore de ce rêve en termes de planificateur quand il me dit: «J'ai la ferme intention d'attraper ce brochet cette année!»

## Les lièvres pensent en fonction des possibilités
## Les tortues pensent en fonction des réalités

En utilisant un langage prudent, les tortues refrènent souvent leurs rêves. Elles s'expriment en des termes de projets, de plans, de stratégies et de buts. Lorsque les tortues investissent, on les entend parler de portefeuille d'investissements. Quand elles prennent leur retraite, elles parlent de régime de retraite.

Les lièvres, quant à eux, donnent de l'envol à leurs rêves en se servant d'un langage expansif et ampoulé. On les entend souvent utiliser des termes comme énoncé de mission, visions, concepts créatifs et esprit d'entreprise. Alors que les tortues disent qu'elles prennent leur retraite, les lièvres parlent de la maison de leurs rêves ou de leur île au soleil.

Parfois, les tortues et les lièvres disent en fait la même chose, mais dans leur langage respectif.

## Comment nous nous sentons face à notre tortue
## et à notre lièvre

Mon amie Shirley l'explique dans les termes suivants: «Mon lièvre doit ralentir un peu ces jours-ci et avancer en selle sur le dos de ma tortue. Et même si les choses s'accomplissent, cela se fait toujours trop lentement au goût de mon lièvre, et il piaffe d'impatience.» Shirley admet qu'elle se met souvent en colère contre son côté tortue parce que celle-ci ne lui permet pas suffisamment d'être spontanée. Selon elle, son lièvre est l'enfant plein d'enthousiasme qu'elle a en elle, l'enfant qui souvent se fait déposséder du plaisir. Parce qu'elle a été conditionnée depuis son enfance à délaisser cette partie plus joyeuse et heureuse d'elle-même, Shirley a l'impression que la tortue pratique et laborieuse a quelque peu étouffé la magie de son enfant lièvre.

Frustrée par l'énergie de la tortue, mon amie réclame le retour de son lièvre. Elle reconnaît aussi par contre qu'elle a besoin de sa tortue afin de pouvoir finir d'écrire le roman qui attend sur son bureau. Ces jours-ci, alors qu'elle poursuit la rédaction du roman, Shirley me dit que la tortue transporte le lièvre sur son dos et qu'elle-même fait la paix avec la vieille colère qu'elle ressentait toujours envers sa tortue. Elle utilise enfin les forces de cette dernière de façon constructive.

Bill, un autre de mes amis, considère les lièvres comme des personnes charmantes un peu «olé olé» et les tortues comme des personnes vraies. Il éprouve un grand plaisir en compagnie des lièvres, mais se sent plus à l'aise avec ses pairs, les tortues.

J'ai moi-même souvent ressenti de la frustration face aux tortues, en particulier la mienne. À mes yeux, les tortues n'étaient jamais assez rapides ni assez stimulantes. Et leur diction lente me rendait folle d'impatience. J'étais souvent tentée de finir leurs phrases avant qu'elles aient même eu l'occasion d'exprimer intégralement leur pensée. À mon avis, les tortues se préoccupaient bien trop des détails et de l'exactitude, pas assez des idées et de la créativité. Et lorsque j'ai vu émerger en moi cet aspect tortue alors que j'écrivais, mon lièvre piqua une crise d'impatience.

Mais ce qui m'irritait par-dessus tout chez les tortues, c'était leur totale satisfaction à aller tout doucement et à accomplir leurs tâches au rythme constant qu'elles affectionnent. Par exemple, j'ai souvent observé David fourrager avec grand plaisir dans son énorme coffre à pêche pour trier son attirail, démêler ses lignes, inventoriant l'un après l'autre ses plombs et ses leurres. Il m'a fallu du temps pour comprendre que cette activité pouvait se concevoir comme relaxante. Aujourd'hui, je la comparerais au plaisir que je prends à trier, positionner et classer les photos dans mes albums.

En y repensant bien, je reconnais maintenant que mon jeune lièvre était arrogant. Bien sûr, j'utilisais l'énergie de ma tortue, mais je le faisais à contrecœur et seulement quand c'était absolument nécessaire. La plupart du temps, je m'en sortais grâce aux poussées d'énergie du lièvre. C'est grâce au lièvre que je suis passée à travers mes années d'université, que j'ai toujours pu nettoyer la maison en trombe et que les régimes éclair n'avaient pas de secret pour moi. Et mon lièvre excellait en particulier à écrire jusqu'aux petites heures du matin pour respecter les échéances. J'aimais beaucoup mon lièvre intérieur.

Mais aussi paradoxal que cela puisse paraître, le lièvre me déplaisait plus que ma tortue. Mon très jeune lièvre me faisait quitter des emplois bien rémunérés parce qu'il les trouvait ennuyeux, qu'il était trop franc et trop ouvert, et parfois aussi trop confiant. J'ai découvert que mon lièvre faisait souvent des bonds audacieux et avait par la suite de la difficulté à se retrouver en position de stabilité. Et pendant des années, mon lièvre fut extrêmement vaniteux.

Au fond, la tortue ne me causa jamais un tel problème: il me suffisait tout simplement d'ignorer ce qu'elle m'exhortait à faire. Ce qui signifie évidemment tout ce que mes amis et parents de type tortue pouvaient aussi me conseiller de faire.

Mon défi fut de réconcilier ma tortue et mon lièvre intérieurs, peu importe les circonstances, dans la mesure où je les comprenais. Ce fut aussi tout un défi de ramener l'harmonie entre le lièvre et la tortue quand je me voyais chez les autres, comme dans un miroir, en chacune des personnes que je rencontrais, que j'aimais et avec lesquelles je vivais et je travaillais.

## Quand les lièvres sont dispersés et que les tortues traînent

Un lièvre très stimulé par une course ou un objectif part en flèche au début, mais se fatigue vite parce qu'il dépense toute son énergie d'un seul coup.

Il décide d'écrire un livre, puis court chez ses amis pour en discuter, fait un saut à la bibliothèque pour faire quelques recherches, se rend en quatre enjambées dans un magasin pour acheter du papier à imprimante, puis revient à la course à la maison pour dégager et organiser l'endroit où il va écrire. Puis, le lièvre aperçoit ce petit coin recouvert de mousse à l'ombre d'un grand arbre et se dit: «*Ne serait-ce pas exquis? Je dois m'allonger un peu. Je suis fatigué de courir d'un côté et de l'autre. Je ne peux pas faire comme ces tortues qui s'attardent aux moindres détails. Je dois garder un peu d'énergie pour les plus grandes choses.*»

Mais six mois plus tard, le livre n'est toujours pas écrit. Et le temps a passé au rythme des tâches dont le lièvre ne se souvient pas le moins du monde. C'est aussi le moment où le lièvre remarque combien de choses ont été accomplies par la tortue entre-temps. La terrasse et le patio aménagés autour de la piscine, les légumes du jardin potager qui sont déjà plantés. Autant d'indications concrètes et de signes visibles de la progression et de l'ordre inhérents au caractère de la tortue.

Dans son for intérieur, le lièvre envie la tortue, mais il n'a pas la moindre idée de la façon de s'y prendre pour lui ressembler un peu. «*Il suffit de commencer*», pense-t-il en lui-même.

Il y parviendra peut-être au début, comme par exemple pour ce régime entamé l'an passé ou cette inscription annuelle au centre de conditionnement physique auquel il se rend rarement. Ces derniers temps, tout est difficile et assommant pour le lièvre. Il ne comprend vraiment pas comment la tortue peut mener sa vie de cette façon. Parfois, pour être tout à fait franc, il n'aime carrément pas la tortue.

Si vous êtes une vraie tortue, que vous procédez lentement mais sûrement sur ce merveilleux tracé qui mène au village, vous rechignerez probablement à dévier du tracé que vous avez planifié, à moins qu'un beau lièvre vous tourne autour.

Si vous êtes tout ce qu'il y a de plus lièvre et que même si cette petite sieste à l'ombre de l'arbre était un vrai délice, il vous sera plus facile quelquefois de vous servir de votre aspect impulsif lorsqu'une solide tortue est près de vous et vous aide à suivre les progrès d'une affaire.

Ce que le lièvre gagne en efforts de vitesse et en poussées d'énergie fulgurants le long de sa route, il le fait aux dépens de la stabilité et de la certitude. Et ce que la tortue gagne à maintenir les objectifs qu'elle s'est fixés, elle le perd en capacité à jouir de la vie ou à s'offrir un bon fou rire digne de

Rabelais. Retournez une tortue sur le dos et vous ne la verrez pas rire. Quand on force les tortues à se mettre sur le dos, que ce soit au sens propre ou au sens figuré, elles sont en détresse. Y compris les tortues qui doivent rester au lit parce qu'elles sont malades ou les tortues bourreaux du travail qui essaient de se détendre quand elles sont en vacances.

## Quand les tortues et les lièvres
## se mettent à avoir peur

Dans la symbolique animale, le lièvre est connu pour représenter une énergie nerveuse et la peur. Ne dit-on pas «détaler comme un lièvre»? Lorsque le lièvre a peur, il part en courant. Et lorsqu'il est en colère, il ne mâche pas ses mots. Puisqu'il est un communicateur né, il saura exprimer ses critiques de façon très articulée. Les tortues en colère vont droit au but, mais elles sont souvent bourrues. Néanmoins, la colère cache parfois de la peur non exprimée. Alors, lorsque les rêveurs et les planificateurs se sentent tendus et en colère, cela peut très souvent vouloir dire qu'une peur inconsciente les tenaille.

Les lièvres qui œuvrent dans le monde des affaires ont peur de perdre pied et de se voir démunis de tout ce qu'ils ont bâti. Ils sont parfois simplement trop affairés à essayer de mener de front la multitude de choses qu'ils ont entreprises. Et les lièvres qui se laissent envahir par la peur agissent de façon impulsive et fantasque; ils prennent des décisions peu avisées sans avoir bien réfléchi auparavant.

Les lièvres sont en général des personnes extroverties, donc d'une nature plus transparente. Ce qui rend leur peur d'autant plus évidente. Une réaction est à prévoir dans l'instant qui vient lorsqu'un lièvre fuit une situation, le regard agrandi par la peur. Un des comportements qui trahit le lièvre en moi est de parler très vite quand je me sens nerveuse. Une autre habitude impulsive et destructive que j'ai et dont j'essaie de me départir, est de bondir vers le placard à provisions pour y dénicher quelque douceur quand je me sens agitée intérieurement.

C'est seulement lorsque les lièvres apprennent, avec l'appui de leur tortue, à s'enraciner et à développer l'habileté à se contrôler, que leur comportement peut changer. L'impulsion immédiate reste cependant souvent la fuite.

Les tortues, grâce à leur grande capacité à se dissimuler sous leur carapace pour se protéger, réussissent beaucoup mieux à cacher leur peur. L'expression connue « rentrer dans sa carapace » décrit bien ce genre de comportement.

Quand les tortues ont peur, leur réaction première est de planter encore plus fermement leurs pattes dans le sol et de continuer leur petit bonhomme de chemin avec encore plus d'ardeur, tout en espérant secrètement que les choses s'arrangeront avec le temps. Les tortues ne peuvent tout simplement pas s'enfuir en courant à la vitesse où le font les lièvres. Alors, lorsqu'elles se sentent bousculées, elles rentrent dans la carapace qui les protège. Ce qui les fait paraître encore plus introverties ou timides.

J'ai une amie tortue qui, lorsqu'elle sent trop de pression ou qu'elle a peur, adopte un regard fixe et intense, comme si elle était profondément absorbée par ses pensées. Ses épaules se rétractent et se voûtent alors qu'elle vaque à ses occupations.

L'argent est souvent une importante cause de peur chez les tortues et les lièvres. Les tortues sont souvent attirées par les lièvres en raison de leur générosité et les lièvres apprécient le fait que les tortues n'ont en général pas de dettes. Par contre, quand l'argent se fait rare, aussi bien les tortues que les lièvres se font du souci et s'inquiètent du fait que l'autre est soit trop dépensier, soit trop avare. La qualité même qui aura su plaire au premier abord à l'autre, deviendra par la suite une source d'irritation entre eux. Les tortues feront une fixation sur ce qu'elles perçoivent d'irresponsable chez les lièvres quant à leurs habitudes dépensières, et les lièvres en viendront peut-être à détester la façon dont les tortues serrent les cordons de leur bourse. La peur suscitée par la pénurie et l'argent peut engendrer des réactions excessivement vives et destructives, aussi bien chez les tortues que chez les lièvres.

## Les relations entre les lièvres et les tortues

Malgré les différences qui existent entre eux, les lièvres attirent les tortues et les tortues attirent les lièvres. Bouleversés et troublés par les habitudes et les manières de leur contraire, les tortues et les lièvres passent tout leur temps et dépensent une incroyable énergie à essayer de se changer et de se comprendre mutuellement. Ceci vaut aussi bien pour une tortue et un lièvre qui cohabitent, qui sont amis, partenaires en affaires ou conjoints. Et à en croire les statistiques sur les divorces et les séparations, les tortues unies aux lièvres, ou vice versa, perdent plus souvent qu'à leur tour la bataille pour essayer d'harmoniser leurs natures respectives si diverses, et répètent la même erreur puisqu'ils se retrouvent liés une fois de plus à une autre tortue ou un autre lièvre.

Mis à part le cliché bien connu qui veut que les contraires s'attirent, je me demandais bien pourquoi les tortues et les lièvres sont si fortement attirés l'un vers l'autre?

Voici ma conclusion: je constatais que je retrouvais dans les différentes relations que je choisissais d'entretenir beaucoup des aspects tortue ou lièvre que j'avais de la difficulté à exprimer ou dont j'avais besoin. Par exemple, à l'université, j'avais une amie tortue très consciencieuse avec qui j'étudiais dans la bibliothèque et une autre qui me motivait à assister chaque semaine à mes cours de yoga. Sans elles, je me serais probablement laissée aller à faire de la procrastination. Et tout ce qui m'intimidait chez les autres et qui m'inspirait le respect, je le remarquais également: l'immense discipline à laquelle mon conjoint David s'astreignait dans sa vie, la cuisine parfaitement propre d'une amie tortue, la façon spontanée très «lièvre» d'un de mes amis de jouer avec ses enfants sur le sol. Les amis ainsi que la famille me servaient de miroir en ce qui concernait mon potentiel non actualisé et j'espérais que ses qualités deviendraient miennes avec le temps.

Par ailleurs, n'importe lequel de mes aspects tortue ou lièvre qui me déplaisait ou que je jugeais comme déplorable, me déplaisait ou m'apparaissait comme négatif chez les autres. La vérité est que les comportements qui me dérangeaient le plus chez les autres étaient ceux que je répétais le plus facilement et instinctivement. Ceci expliquait pourquoi je grondais mes enfants quand ils étaient désordonnés et pourquoi j'essayais de convaincre mon conjoint de cesser de fumer.

## Les questions d'argent
## dans la relation du lièvre et de la tortue

*Si l'argent est un problème pour un des deux partenaires,
très vite il en deviendra un dans la relation.*

Si l'argent ne constitue *pas* un écueil pour un des deux partenaires mais qu'il l'est par contre pour l'autre, il faudra peu de temps avant que la problématique de l'argent ne fasse intrusion. Et ceci est vrai pour toute paire fonctionnant ensemble, que ce soit en amour, en amitié ou en affaires. Nos attitudes fondamentales ressortent dans les événements quotidiens les plus terre à terre: notre disposition à vouloir mettre le premier ou la première des pièces dans le parcomètre, à acheter une crème glacée à l'enfant d'une amie, à conserver tous les reçus, du plus insignifiant au plus élevé, pour la déclaration des revenus.

La personne pour qui l'argent signifie le plus ou a le plus de pouvoir, amènera inévitablement la relation qu'elle entretient avec celui-ci dans une relation d'affaires ou d'amitié. Quand c'est le cas, les tortues et les lièvres commencent à se mettre à l'affût de signes de générosité, de mesquinerie ou de mystère. À un moment donné, il se peut que l'attitude naturelle de l'un des deux face à l'argent devienne exagérée ou réprimée, occasionnant des réactions tout simplement disproportionnées; tout le monde finissant par agir d'une façon un peu déplacée. Par exemple, si l'argent devient un problème entre le généreux lièvre et la parcimonieuse tortue, il se peut que le lièvre devienne également économe.

Il existe une autre situation tout aussi destructive, celle où un des deux partenaires commence à avoir l'impression qu'amour égale argent, c'est-à-dire que le degré d'attention est proportionnel au degré de générosité. Si c'est le cas, il faut bien regarder et ensuite dépasser les croyances profondes qui nous font mettre dans le même sac valeur personnelle, attaches matérielles et argent, en ce qui concerne l'expression de l'amour.

## Les dangers inhérents
## à l'apathie du lièvre et de la tortue

*Nous aimons bien laisser notre partenaire prendre en charge ce que nous avons toujours répugné à développer en nous ou ce que avons choisi de ne pas apprendre.*

Il est fort possible que nous vivions avec notre contraire parce que nous désirons inconsciemment exprimer ces aspects de nous-mêmes que nous n'avons pas encore suffisamment développés. Afin de nous sentir complet, et aussi parce que nous en avons simplement besoin dans notre vie, nous amenons ces qualités-là dans nos vies par le biais de nos partenaires et amis. Nous espérons peut-être aussi pouvoir apprendre d'eux. Ainsi, une tortue timide qui souhaite secrètement devenir plus grégaire, épousera-t-elle un lièvre. Et un lièvre désorganisé comptera-t-il sur sa conjointe tortue pour que tout se déroule comme sur des roulettes le jour du déménagement.

Il y a par contre un risque dans ce genre de relation, c'est que l'apathie s'installe entre les partenaires. Au début, vous valorisiez grandement les qualités tortue ou lièvre chez votre partenaire, alors que vous vous fiez maintenant totalement à elles. À la longue, cela signifie que vous évitez définitivement de faire appel à ces qualités-là chez vous, même si vous étiez auparavant absolument capable de le faire afin de mener à bien vos activités.

Mary avait l'habitude de faire de la procrastination concernant les réparations de la voiture, la tonte du gazon et l'arrachage des mauvaises herbes dans le jardin. Elle détestait également s'occuper des factures d'assurance et des reçus destinés à la déclaration des revenus, ainsi que de plier le linge. Avec le temps, son mari étant disposé à prendre en charge ces tâches, elle en est venue à moins apprécier les efforts qu'il faisait et à devenir en quelque sorte apathique, voire même indifférente.

Cette tendance est l'une des plus grandes sources de ressentiment dans les relations entre la tortue et le lièvre. À moins que les deux partenaires s'entendent et se mettent d'accord sur ce à quoi ils s'attendent l'un de l'autre, la rancoeur s'accumulera. Par exemple, si vos rôles de tortue et de lièvre ne sont pas bien équilibrés et que vous vous retrouvez de manière sempiternelle dans le rôle de la tortue, vous rechignerez à être la tortue qui doit toujours s'occuper des finances ou de l'organisation que votre partenaire vous délègue immanquablement. Si vous êtes un lièvre, vous serez frustré de voir votre partenaire tortue se couper de toute vie sociale ou d'avoir à prendre l'initiative sur le plan de la communication dans le couple.

## Nous cherchons le support de notre contraire

*Ce qui nous inquiète ou dont nous avons peur inconsciemment est peut-être ce que notre partenaire et nos amis expriment tout haut.*

Nous cherchons du support auprès de nos amis et de nos partenaires, surtout lorsque leurs points de vue nous font voir les choses sous un angle nouveau. Le plus souvent, nous avons seulement besoin de nous entendre confirmer que notre tortue ou notre lièvre sont sur le bon chemin. Parfois par contre, au lieu d'encouragements, nous recevons des avis contraires qui ressemblent plus à du sabotage qu'à du support.

Lorsque nous recevons de telles opinions, il nous est probablement difficile de nous rappeler que l'énergie première de notre partenaire ou ami est l'opposée de la nôtre. Et même s'ils ont les meilleures intentions du monde, ils ne sauront pas toujours communiquer ce qu'ils ont à dire de la façon dont nous avons besoin de l'entendre. Ce que nous *entendons* n'est peut-être que l'écho des doutes de notre tortue ou de notre lièvre, surtout si nous avons des pensées conflictuelles au sujet de quelque chose. Ce dont nous avons peur ou dont nous nous inquiétons inconsciemment sera peut-être exprimé de vive voix par ceux avec qui nous partageons nos pensées.

C'est ce que Rose constatait chaque fois qu'elle abordait Paul avec une nouvelle idée d'inspiration typiquement «lièvre». Complètement emballée par son enthousiasme, Rose expliquait ses idées à Paul pour lui faire partager sa vision. Elle voulait au fond d'elle-même recevoir l'approbation d'une tortue qui lui confirmerait que son idée n'avait rien d'une fantaisie d'un soir. Elle avait aussi besoin de son énergie pour trouver le projet encore plus stimulant.

Totalement branché sur son énergie logique et pratique de tortue, Paul lui proposait en repartie de solides et sérieux points de vue qui semblaient en totale opposition avec certaines des idées de Rose. En entendant cela, Rose avait l'impression que Paul bloquait immédiatement sa vision originale, même s'il était tout à fait correct dans sa logique. Paul affirmait alors qu'il essayait simplement de la protéger, alors que Rose avait l'impression que l'on venait de saboter son idée. La méthode très terre à terre de Paul venait refroidir l'enthousiasme «lièvre» de Rose, et ce qui avait commencé par une sensationnelle conversation se terminait parfois par une dispute au cours de laquelle deux personnes défendaient leurs idées respectives de «tortue» et de «lièvre».

Que ce soit au travail, dans le jeu ou en amour, nous côtoyons toute une variété de lièvres et de tortues, certains d'entre eux étant fondamentalement des rêveurs et d'autres, des planificateurs. Mais ne serait-il pas merveilleux que la tortue et le lièvre avancent ensemble sur leur parcours et arrivent côte à côte aux portes du village, non pas avec la sensation d'avoir manqué quelque chose d'important en cours de route, mais dans l'esprit d'avoir partagé la route avec un camarade et de s'être entraidés et mutuellement supportés.

## Quand on ne vit pas selon son tempérament

Nous avons tous une nature fondamentale qui nous est véritablement propre et avec laquelle nous nous sentons plus à l'aise. Nous avons le choix de pouvoir rendre notre vie plus intéressante en passant d'une dominante tortue à une dominante lièvre de temps à autre, ceci nous donnant l'occasion de développer ces deux aspects en nous. Mais, certaines personnes vivent totalement leur vie en fonction d'un tempérament qui n'est pas le leur.

Si on essaie de vivre une vie de lièvre alors qu'on est fondamentalement une tortue, on peut être assuré d'être tendu et malheureux. D'autre part, refréner l'énergie d'un lièvre et lui demander de penser et de fonctionner comme une tortue, le fera se sentir opprimé et malheureux. Il y a fort probablement plus de tortues et de lièvres coincés dans des situations où ils sont incapables d'exprimer leur véritable nature que ce que nous pensons. Selon moi, ceci se produit dans des situations comme le mariage, l'amitié, la famille et les affaires. Les tortues et les lièvres se laissent souvent influencer de façon destructive.

Mon amie Jenny, que je qualifierais de lièvre de ville, se laissa convaincre par son conjoint d'aller vivre dans une ferme. La tortue intérieure fort tranquille de Jenny fut touchée par la campagne et tomba amoureuse de la beauté tranquille des collines ondoyantes et de la grande maison de ferme blanche aux volets verts. Par contre, en hiver, Jenny se sentit très isolée et n'apprécia pas beaucoup la responsabilité permanente que représentaient le grand jardin potager et les animaux.

Étant donné qu'ils vivaient près d'une ville à festivals, le conjoint de Jenny eut l'idée d'inscrire leur ferme comme gîte rural. Pour Jenny, ce qui avait d'abord été une retraite à la campagne se termina par un travail aux heures interminables. Sa personnalité devint rapidement celle d'une tortue sans qu'elle le veuille totalement. Lorsque Jenny commença à un moment donné à exprimer ses besoins à son conjoint, celui-ci adopta une attitude répressive, résistant à tout changement que Jenny désirait amener pour stimuler son lièvre intérieur. Mais, une fois qu'elle décida de vraiment passer à l'action pour changer les choses, leur union n'y résista pas.

Même si dans ce cas il était devenu de toute évidence nécessaire pour Jenny de sortir de cette relation, il est important de dire que les couples qui savent s'adapter plus facilement à l'interversion des rôles lièvre et tortue, voient souvent leur relation s'approfondir et s'épanouir.

Une autre transformation radicale peut se produire quand les lièvres décident à contrecœur ou même volontairement de mettre leur carrière en sourdine pour devenir des mères à plein temps. Pour certaines femmes, lièvres ou tortues, le travail à la maison peut se révéler le créneau idéal qu'elles cherchaient. Dans mon cas, les 15 années durant lesquelles j'ai travaillé à partir de chez moi m'ont semblé dans l'ensemble tout à fait adaptées à mes besoins. Notre maison est devenue la base à partir de laquelle mon lièvre pouvait fuser dans toutes les directions, qu'elles soient intérieures ou extérieures: cours de sculpture sur argile, mes travaux de rédaction, mon entreprise de consultante à domicile.

Bien sûr, il ne serait pas du tout réaliste d'affirmer que je n'ai pas connu de périodes au cours desquelles mon lièvre ne s'est pas senti surchargé de toutes sorte de responsabilités propres à la tortue, surtout durant les premières années de maternité. Mais, cette situation semblait basculer dès que je m'engageais dans une nouvelle direction.

Pour celles qui ont mis de côté carrière et profession bâties au fil des années et donnant de grandes satisfactions, la virevolte qui les a conduites à mener une vie d'intérieur à plein temps avec tout ce que cela comporte de travaux domestiques répétitifs, c'est peut-être en demander trop. L'adaptation à un tel changement n'est pas l'apanage de tout le monde et il est également possible de faire marche arrière quand on le veut.

## Lorsqu'un des partenaires décide de changer de rôle

Lorsqu'une tortue et un lièvre vivent ensemble, chacun des deux sait intuitivement de quoi est faite l'énergie de base de l'autre. De ce fait, il se peut que la relation tombe dans un scénario qui fera que les deux partenaires sauront à quoi s'attendre l'un de l'autre, même s'il y a entre eux des affrontements parce qu'ils veulent se changer l'un l'autre. Le temps passe et leurs rôles respectifs sont de plus en plus acceptés.

Mais, les circonstances de la vie ou une décision concernant la carrière peuvent changer les choses. Un des partenaires choisira donc de changer de rôle. S'il était une tortue, il devient maintenant un lièvre, ou vice versa. Cela peut se traduire par une crise dans l'union, alors que les deux s'efforcent de retrouver l'équilibre dans la relation. Après tout, un des partenaires n'a-t-il pas introduit dans la famille un nouvel «animal».

Bien que le pendule ait accusé une forte oscillation et déstabilisé momentanément le couple, ce changement s'avérera probablement nécessaire. Néanmoins, certains couples ne peuvent supporter de tels changements.

«Est-il plus difficile pour un lièvre de devenir une tortue ou l'inverse?», demandai-je à mon amie Alice, foncièrement tortue et totalement éprouvée comme telle.

— Même si je voulais changer du jour au lendemain et devenir un lièvre maintenant, les circonstances extérieures, surtout la famille, me rendraient la vie difficile», me répondit Alice. «Le fait d'être une tortue me permet de recevoir une grande approbation, tant sur le plan de la famille que de la société. Ma famille s'est habituée à mes agissements de tortue, c'est-à-dire que je sois prévisible, stable et organisée. Je suis bien consciente de mes schèmes de comportement, mais je continue tout de même à donner aux membres de la famille ce qu'ils veulent afin de répondre à leurs attentes.»

Alice n'avait pas tort, mais, en tant que lièvre, j'avais aussi besoin de lui faire remarquer combien il avait été difficile pour moi d'adopter le rôle d'une tortue. Je lui expliquai que j'avais essayé à maintes reprises tout au long de ma vie de devenir une tortue et que je n'y étais pas parvenue. «Explorer un aspect de ma vie avec discipline a toujours été une grande difficulté pour moi», lui confiai-je. «Je suis capable de trouver les distractions les plus subtiles pour m'évader de ce que je sais avoir besoin de faire.»

Alice soutint une fois de plus que lorsqu'un lièvre décide de devenir une tortue, tout le monde dans la famille est content et soulagé. «Mais le contraire n'est pas vrai cependant. Quand l'indéfectible tortue que je suis n'a serait-ce que l'idée de laisser son lièvre s'exprimer un peu, la vie devient infernale à la maison», dit-elle.

«Il leur est plus facile de me voir penser et agir comme une tortue que de m'accepter comme un lièvre: de cette façon, ils n'ont pas à s'occuper des corvées domestiques auxquelles ils devraient se consacrer si je m'occupais de mes affaires de lièvre. Le message sous-jacent est *ne change pas d'un iota*. Aucune tortue ni aucun lièvre n'échappe à ce genre de pression», surenchérit Alice.

Ce que la famille ne semble pas comprendre par contre, c'est qu'il y a moins à craindre que ce que l'on pourrait s'imaginer lorsque les véritables tortues se permettent de devenir des

45

lièvres. En fait, celles-ci ne perdent généralement pas leur nature consciencieuse et responsable. Au contraire, elles deviennent beaucoup plus détendues et spontanées, chose qui peut s'avérer très libératrice pour le reste de la famille.

En fin de compte, les tortues et les lièvres se doivent de connaître les aspects positifs et négatifs de leur véritable nature respective. Ils doivent aussi être disposés à s'adapter à la qualité contraire à leur nature et à s'en servir si besoin est. Si nous pouvons faire appel à ces deux énergies en nous, celles du lièvre et de la tortue, nous n'aurons ainsi pas besoin de quelqu'un d'autre pour accomplir certaines choses à notre place. Nous disposerons de plus amples ressources intérieures pour être aussi bien un rêveur qu'un planificateur.

## Les tortues et les lièvres en affaires

*Les lièvres ont de la difficulté à accepter leurs limites*
*et les tortues, leur intelligence.*

Mon amie Valérie est tortue et cadre dans une entreprise. Elle se qualifie elle-même d'«exécutrice professionnelle».

«Mon directeur, cadre et lièvre, a l'habitude de tester ses idées sur moi. J'en fais une évaluation critique tout en amenant sur le tapis les conséquences pratiques qui en résultent. Ce qu'il aime savoir, c'est que les choses seront faites et bien faites.»

Valérie continue son explication: «Être une tortue-cadre suscite de la confiance chez les autres car les résultats de l'action sont très visibles. Quand les tortues et les lièvres entreprennent de monter une affaire, les lièvres ont de la difficulté à accepter leurs limites et les tortues ont de la difficulté à accepter qu'elles sont intelligentes.»

Les tortues sont parfois tellement axées sur l'exécution des tâches, qu'elles ne se réservent pas le moindre instant pour décompresser un peu. Au fond d'elles-mêmes, elles aimeraient peut-être avoir le dynamisme du lièvre qui, en dépit de ses poussées d'énergie, trouve le temps de se reposer un peu sous un arbre.

«Peut-être pourrais-je apprendre à avoir l'énergie du lièvre», se dit la tortue alors qu'elle passe la ligne d'arrivée, remportant certes la course, mais assoiffée et les os rompus. Même si la tortue voit tous ses efforts grandement récompensés, elle commence à réaliser que sa vie manque de joie dans certains domaines. Des tortues faisant preuve d'un tel dévouement se hissent souvent à des postes très élevés, travaillant sans relâche et sans compter les heures pour atteindre ces postes qui confèrent pouvoir et respect dans une entreprise.

Les lièvres ont la capacité d'accomplir un grand nombre de choses dans toutes sortes de domaines. Ce sont de grands spéculateurs et de dynamiques entrepreneurs qui se taillent des carrières enviables dans les affaires privées. Ils se font également remarquer dans des domaines comme la vente et la commercialisation. Ils sont bien connus pour la multiplicité de leurs talents et leur ardeur et leur efficacité au travail lorsque ce dernier leur plaît.

*Plus votre travail exige de votre lièvre, moins vous avez besoin de l'exprimer dans la vie privée. Plus votre travail fait appel à votre tortue, plus votre lièvre a besoin de stimulation.*

Certaines entreprises, de par leur nature ou leur fonction, exigent de nous presque 100 % de nos qualités tortue ou 100 % de nos qualités lièvre. Les tâches qui demandent l'exécution de gestes routiniers et courants, entre autres les chaînes de montage, ne laissent pas grand-place à l'élan du lièvre. Dans ce cas-là, les personnes concernées doivent se trouver des activités de type lièvre après les heures de travail.

Il y a des années, Jonathan fonctionnait à plus de 75 % comme une tortue dans l'entreprise familiale. Il compensait en voyageant beaucoup et en entreprenant de nombreuses activités sportives, aussi bien en été qu'en hiver. Par la suite, alors qu'un changement dans sa carrière l'avait conduit à s'occuper plus de spéculation, à faire de plus longues journées et à supporter de multiples frustrations liées aux employés et aux produits, il était devenu à 75 % lièvre au travail et ne voulait rien faire d'autre que s'installer sur le canapé pour se détendre après le repas du soir.

Mais peu importe que la nature de l'entreprise soit plutôt tortue que lièvre ou vice versa, la mise sur pied d'une nouvelle entreprise ou la prise d'un risque nouveau exige l'élasticité de caractère et l'énergie entreprenante propres au lièvre. Mais, parallèlement, la vigilance et le dévouement de la tortue sont nécessaires pour que l'entreprise surmonte les difficultés initiales que toute entreprise connaît. Ceci signifie qu'une tortue en affaires qui veut continuer à mener son entreprise doit apprendre à se doter de qualités d'entrepreneurship, et que, en même temps, elle doit conserver suffisamment des qualités de la tortue pour assurer la sécurité de l'entreprise. Et le lièvre doit également développer chez lui une discipline de type tortue. L'idéal, c'est que les lièvres emploient des exécutants de type tortue qui les aideront à édifier l'entreprise. Plus tard, une fois l'entreprise bien établie, le lièvre et la tortue pourront tous deux permettre au pendule de revenir vers le centre afin que leur véritable nature puisse mieux s'exprimer.

*Les lièvres et les tortues deviennent incompétents lorsqu'ils doivent fonctionner dans le cadre d'emploi ne correspondant pas du tout à leur nature.*

Si vous sentez que vous devenez un adepte inconditionnel du sofa les week-ends venus ou que vous commencez à compenser par la nourriture, l'alcool ou la cigarette, il est peut-être grand temps d'évaluer votre façon de vivre vos qualités de lièvre et de tortue.

# PARTIE 3
# La roue de la sagesse

### Qui est le hibou?

*Les contes de fée comportent souvent un animal ou un personnage qui n'est pas à l'avant-plan mais qui fait cependant partie de l'histoire et constitue un lien entre les principaux personnages de l'histoire. Il représente de façon symbolique celui qui a une vue d'ensemble de la situation et une compréhension juste de ce qui se passe. Dans la fable Le Lièvre et la Tortue, le hibou représente ce lien, ce symbole: il devient une métaphore de la sagesse. Il est le personnage qui incarne les meilleures qualités du lièvre et de la tortue.*

*Nous sommes tous venus au monde avec la sagesse du hibou, mais nous l'avons malheureusement perdue. Au lieu de cela, nous sommes devenus des lièvres et des tortues. La sagesse du hibou est intuitive et pratique, créative et solidement fondée. Le propre du hibou est d'être à la fois méthodique et inventif, réaliste et visionnaire, méditatif et spontané. Avec de la discipline, de la patience, de l'expérience et des connaissances, nous pouvons tous retrouver notre sagesse innée de hibou. Et lorsque nous faisons appel à la sagesse du hibou, nous devenons des lièvres et des tortues avisés.*

# SAGESSE 1

# Distinction entre les souhaits, les rêves et les fantasmes

*«Les plus grandes réalisations n'étaient*
*au début que des rêves.*
*Le chêne sommeille dans le gland,*
*l'oiseau attend dans l'œuf et*
*la vision la plus noble de l'âme vient tirer du sommeil l'ange*
*qui dort. Les rêves sont les germes de la réalité.»*

JAMES ALLEN

## Les souhaits sont les germes des rêves

Comme les fleurs sauvages qui poussent sans qu'on les ait plantées, les souhaits fleurissent spontanément et se multiplient sans peine. Si vous prêtez attention à un enfant comme Sara, vous comprendrez que les souhaits abondent naturellement dans l'univers. Et si, comme nous soufflons sur l'aigrette du pissenlit monté en graines pour les disperser au vent, nous dispersons dans l'univers d'innombrables souhaits, dont certains se perdent et meurent, mais d'autres se déposent sur un sol fertile et germent.

Cette «stratégie» de la propagation, dont l'objectif est de produire un nombre infini de graines afin que certaines puissent germer de façon assurée, devient une métaphore fort intéressante lorsqu'on l'applique aux souhaits. Les enfants sont très spontanés en ce qui concerne les souhaits. Ce qui n'est pas le cas des adultes qui, même s'ils ont perdu cette faculté, feront encore un souhait en voyant une étoile filante, jetteront une pièce de monnaie dans une fontaine ou croiront au mur des souhaits. Ils savent bien que tous les souhaits ne peuvent se réaliser, mais que, comme les graines du pissenlit se dispersent au vent, les souhaits se répandent dans l'univers pour dériver là où bon leur semble.

## Les souhaits en attirent d'autres

«Attention à ce que tu souhaites, car chose souhaitée pourrait bien se réaliser» est un dicton qui a su retenir mon attention. Prenez la précaution d'exprimer vos souhaits après y avoir mûrement réfléchi. Je peux vous dire d'expérience que les souhaits ont leur pouvoir propre et que, comme pensées indépendantes, ils amassent une certaine somme d'énergie. Peut-être à la façon de petits champs énergétiques, les souhaits attirent-ils vers eux d'autres souhaits.

Lorsque les souhaits sont renforcés par une intention consciente, ils deviennent de puissants germes de souhaits. Et quand la germination se produit, les souhaits deviennent à leur tour des germes de rêves.

## Un beau fantasme est un souhait comportant un scénario

La capacité de fantasmer est un atout. Certaines personnes croient cependant que le fantasme ne nous sert qu'à rester dans le domaine de l'inaccessible.

Mon ami Doug maintient que les fantasmes sont censés être des rêveries imaginaires de choses qui ne pourront jamais s'actualiser. «J'aime imaginer que je conduis une Porsche tout en sachant très bien que je n'en aurai jamais une. Mais y rêver m'apporte le plus grand des plaisirs», dit-il.

Considérer que les fantasmes sont des rêveries imaginaires qui n'ont que peu de rapport avec la réalité mais qui sont d'agréables passe-temps, est une façon de voir les choses. Les fantasmes peuvent par ailleurs mettre un peu de piquant dans le trop grand confort ou l'ennui de notre quotidien. En ce qui me concerne, j'aime considérer les fantasmes comme faisant intégralement partie de mon imagination créatrice.

Lorsqu'on joue avec les fantasmes, on laisse libre cours à notre imagination la plus dynamique. Lorsqu'on se sert active-ment de la rêverie, on peut permettre aux idées de créer des fantasmes qui non seulement nous amusent, mais aussi nous aident à envisager jusqu'où un rêve pourrait nous mener. Notre imagination nous permet de faire une «répétition générale» de ce que le rêve pourrait être. Nous le visualisons étape après étape afin de pouvoir vérifier ce que nous pensons et ressentons face à lui.

Si vous vous sentez à l'aise avec votre fantasme, cela veut peut-être dire que celui-ci pourrait devenir un rêve en puissance profondément satisfaisant. Si par contre vous sentez le fantasme comme réel, cela veut dire que vous vous rapprochez du rêve qui a un grand potentiel d'actualisation et qu'il n'est pas trop tiré par les cheveux.

Prenez maintenant votre fantasme et retirez-lui les détails que vous preniez plaisir à imaginer pour n'en garder que le scénario: vous avez maintenant un rêve partiel ou bien encore un fantasme épuré que vous pouvez transformer en rêve. Il ne reste rien d'autre à faire qu'établir un plan pour atteindre un but tout à fait accessible.

Je fantasme depuis des années sur l'idée de devenir propriétaire d'une maison au bord d'une plage. En imagination, je sais très bien de quoi a l'air le sable et comment se passent mes promenades matinales quand je cherche des «trésors» sur la plage. J'imagine aussi si la maison se trouve sur la côte ouest ou la côte est, et je m'installe dans un fauteuil, un atlas en main pour rêver le long des criques et des rivages. Je visualise la terrasse où j'irai boire un thé et écrire dans mon journal intime. J'ai même ouvert un compte en banque pour la maison au bord de la plage et je plaisante avec le préposé au service à la clientèle quand je vais y faire un petit dépôt.

Ce fantasme fait en réalité partie d'un rêve plus vaste qui englobe l'écriture, l'enseignement, la famille, l'eau et la liberté. J'ai éliminé les détails extravagants de ce rêve et, même si je l'ai considérablement modifié, j'ai encore l'intention d'aller vivre près de l'eau. Mon fantasme et mon rêve se sont entrelacés. Et c'est bien comme ça.

## Il ne faut pas confondre les souhaits et les fantasmes avec le rêve

Ne laissez pas l'accomplissement de l'un de vos souhaits ou fantasmes vous détourner de votre rêve. En effet, il arrive que lorsqu'un souhait ou un fantasme se réalise en cours de route, vous tombiez dans le panneau de la «léthargie rêveuse» et que vous perdiez toute motivation à vouloir poursuivre votre rêve jusqu'au bout. Ne confondez pas vos souhaits et vos fantasmes avec le rêve et le plan dont l'envergure est beaucoup plus grande. Ne laissez pas la réalisation de petits souhaits vous détourner de votre but, qui est plus important, lui! Prenez-y plaisir et détendez-vous, mais considérez-la seulement comme une gratification bien placée sur le chemin de votre rêve.

## C'est ce que je veux, mais mon Dieu, faites que ça ne m'arrive pas!

Certains préfèrent que leur fantasme reste un fantasme plutôt que de voir un rêve se réaliser. Pour ces gens-là, actualiser un fantasme est beaucoup moins drôle que de s'adonner à l'agréable expérience de la simple rêverie. Car, après tout, pour qu'un rêve porte fruit, il faut y travailler dur et avec discipline.

D'autres pensent que le fantasme est un but qui, une fois atteint, ne fait que soulever la question *Et maintenant?* La prière non formulée dans cette attitude est: «C'est ce que je veux, mais mon Dieu, faites que ça ne m'arrive pas!»

Un rêve laissé à l'état de fantasme nous évite d'avoir à faire face à nos peurs, à nos problèmes et à nos incertitudes. Les fantasmes tiennent le rêveur occupé, ce qui fait qu'il ne s'ennuie pas. Il peut se permettre de penser *Que se passerait-il si* et laisser son imagination l'emporter vers des mises en scène dans lesquelles il joue le rôle principal. Perdre le fantasme voudrait dire avoir à le remplacer, chose impensable surtout si le fantasme a une emprise émotionnelle sur nous. Ceci est particulièrement vrai dans le cas où nous souhaitons ardemment sa réalisation, mais d'un autre côté avons peur qu'elle se réalise, au cas où nous entreprenions des démarches dans ce sens.

Le conflit entre le fantasme d'être publié et la peur de voir un texte rejeté a retenu plus d'un manuscrit pendant des années dans des tiroirs poussiéreux. Rêver de vouloir participer à un concours et faire sa demande après la date limite est certes décevant, mais cela laisse libre cours au fantasme de la «prochaine fois». Ou encore entendons-nous des amis parler du régime parfait de retraite pour apprendre par la suite qu'ils sont déçus du genre de vie dont ils ont rêvé. De telles histoires viennent alimenter nos doutes quant au fait que le rêve ne saura pas nous satisfaire au bout du compte. Inconsciemment, il se peut que nous ayons peur que notre rêve se réalise. L'inquiétude règne. Que se passera-t-il si notre fantasme devient un rêve et que celui-ci se réalise, mais ne corresponde pas à nos attentes?

C'est une peur à laquelle il faudra peut-être faire face. Si le fantasme est accompagné d'un désir puissant et qu'il correspond à un besoin de l'âme, ne vaut-il pas mieux l'actualiser dans la *vraie vie* et en faire l'expérience sans aucun regret?

## Un bon rêve est de nature expansive

Les fantasmes auxquels on pense de façon répétitive, qui ont un point de mire bien précis mais qui sont sous-tendus par une qualité de besoin ou d'urgence, peuvent devenir des obsessions. Si ces fantasmes nous ont obsédés pendant assez longtemps, il se peut que nous passions à l'action et que ces fantasmes se transforment en compulsions. Les fantasmes que l'on se crée au sujet de la taille mannequin amènent une obsession du contrôle du poids qui occasionne des dysfonctionnements alimentaires. Le fantasme de vouloir acquérir des biens matériels pousse les gens à devenir des bourreaux du travail compulsifs. De tels comportements ont des similitudes avec les comportements de dépendance: ils amènent les gens à fonctionner dans la sphère restreinte d'un monde irréel, isolé et destructeur.

Les «bons» fantasmes enjolivent votre vie et sont de nature expansive. Ils font partie d'une continuité dont le mouvement est ascendant et expansif. Vous commencez avec un souhait. En lui accordant de l'énergie, il devient un fantasme. Puis, vous mettez en branle une série de buts bien orchestrés et formulez des souhaits, des plans, des rêves et des fantasmes qui feront tous partie d'une seule et même vision. Lorsque le rêve s'est réalisé, vous pouvez revenir au point de départ, sentir avec satisfaction que vous avez achevé ce que vous désiriez et vous préparer à arroser le germe d'un nouveau

souhait. Les grands rêves et les grands plans ont besoin de ⟵
s'alimenter de l'énergie des «bons» souhaits et fantasmes.

## Ne laissez pas votre rêve précéder votre plan

Dans la fable, le lièvre part d'un bond en laissant la tortue
dans un nuage de poussière. Ne faites pas comme lui et ne
laissez pas votre imagination fertile, votre peur ou votre
vision prendre la course toute seule en abandonnant sur la
ligne de départ, quelque part derrière vous, votre tortue laborieuse qui, avec son plan, traîne sa carapace pour essayer de
vous rattraper.

J'ai connu des rêveurs (et je fais partie de ceux-là) qui,
avant même d'avoir pu donner un cadre valable à leur rêve,
s'étaient enflammés et avaient laissé leur imagination tisser de
fantastiques visions. Je ne veux pas dire par là que de gran-
dioses visions ne trouvent pas leur place dans un rêve. Je veux
dire qu'il faut éviter de surcharger d'emblée votre tortue si
vous prévoyez quelque chose de longue haleine, car elle ne
pourra tout simplement pas vous emboîter le pas. Présentez-
lui cet objectif à long terme quand elle sera rendue un peu
plus loin sur la route.

Pour bien comprendre ce qu'est un lièvre qui part à toute
vitesse avec son imagination et son rêve, il suffit de penser à
l'oiseau du dessin animé *Roadrunner*. Ce drôle d'oiseau dé-
bordant d'énergie part en flèche tellement vite qu'il dépasse
une falaise en courant et tombe dans le vide pour s'écraser au
fond du ravin. Être ramené sur terre de cette façon a de quoi
démoraliser n'importe quel rêveur. Et si le sentier était en fait
votre plan et que vous venez de le perdre, vous aurez besoin
de revenir sur vos pas pour le retrouver et pouvoir poursuivre
votre rêve.

Pour illustrer ce que je viens de dire, imaginez le scénario
suivant. Vous préparez une fantastique moutarde au miel
dont vos amis raffolent et vous mendient un pot pour Noël.
Ils finissent par vous convaincre que vous devez la mettre sur
le marché. Enthousiasmé par votre nouveau projet, vous filez
chez votre meilleure amie pour lui faire part de la nouvelle.
Vous lui racontez qu'il faudra rénover votre cuisine en fonc-

tion des normes de salubrité imposées et que vous fournirez votre moutarde aux marchés de cultivateurs locaux. Bien sûr, la moutarde aura un nom et une étiquette bien choisis. Les épiceries fines et les traiteurs vendront également votre produit et, au cours de la même année, vous ajouterez une nouveauté à votre produit, vos délicieuses marinades estivales à la moutarde. Vous aurez ensuite besoin de dénicher un investisseur qui vous permettra de mettre sur pied une usine, vous devrez créer un réseau national de distribution et embaucher un spécialiste des ventes qui s'occupera d'élargir votre marché en vous donnant accès à une grande chaîne de supermarchés.

Vous venez de vous inventer un rêve avec de fabuleux détails, chose qui, en soi, n'est pas mauvaise. Je connais une femme d'affaires qui réussit extrêmement bien et qui ne jure que par cette méthode. Elle m'a raconté que, parfois, avant de s'endormir, elle reste allongée dans son lit et visualise son rêve dans les moindres détails. Elle imagine ensuite toutes les étapes qu'elle doit entreprendre au fur et à mesure pour le réaliser. C'est donc au lit, avant de dormir, qu'elle planifie le mieux. Puis, au cours de sa journée de travail, elle s'affaire à mettre en action les activités propres à l'étape du rêve où elle se trouve. Cette femme a réalisé quelques grands rêves de cette façon.

Mais vous voici en train de rêver à votre moutarde fine et vous revenez difficilement à aujourd'hui et à la première étape concrète qui affermira votre projet. Entreprendre la rénovation de votre cuisine vous semble être une corvée salissante et coûteuse. Il vous faudra garder votre emploi jusqu'à l'étape de la production et jusqu'à ce que les ventes décollent. Il faudra beaucoup de moutarde pour que les choses aillent bien. Vous ne faites pas part de vos doutes à l'amie avec qui vous venez de parler de tout ça, mais une fois l'entretien terminé, vous vous sentez déjà découragé.

Ne laissez pas votre lièvre emporter votre tortue trop loin et trop vite pour commencer. Si vous êtes quelqu'un qui rêvez grand et avec envergure, il devient encore plus essentiel de vous tracer un bon plan. Au début, le lièvre doit ralentir son rythme pour permettre à la tortue de s'adapter. Ensuite, quand la ligne d'arrivée se rapproche, la tortue saura trouver l'endurance et le pouvoir qui viendront motiver et aider le lièvre à finir la course.

# Quel genre de rêveur ou de planificateur êtes-vous?

Avez-vous un rêve? Avez-vous un plan? Quel est votre but? Quelles chances avez-vous d'arriver à destination? Votre but est-il réaliste? Est-ce une lubie de lièvre? Ou bien un plan d'investissement orchestré par la tortue? Il existe toutes sortes de rêveurs et de planificateurs. De quel type êtes-vous?

## Certains types de rêveurs et de planificateurs

*Le prétendu rêveur-planificateur.* Que ce soit envers lui (elle) ou les autres, ce type de rêveur a souvent quelque chose à prouver. On a parfois l'impression qu'il porte le flambeau au nom de quelqu'un d'autre. C'est le cas d'une personne qui fait tout ce qu'elle peut pour décrocher les meilleures notes afin de plaire au parent qui lui-même avait ce but mais ne l'a jamais atteint. Il y a chez ce type de personne un grand sens des responsabilités et une certaine tendance au perfectionnisme et à l'abus de travail. Les tortues deviennent parfois de *prétendus rêveurs.*

*Le drogué du rêve*: C'est le Peter Pan des rêveurs. Il aime tellement rêver que cela en devient une sorte de drogue. Il adore l'excitation qu'il ressent lorsqu'il vante son rêve, mais manque de discipline pour le mener à bien et l'actualiser. Imbu de lui-même, vantant ses idées et préférant avoir la constante sensation d'excitation, ce rêveur ne grandit jamais et vit au point de vue émotif ses rêves à la façon des montagnes russes. Les lièvres déséquilibrés deviennent des *drogués du rêve.*

*Le rêveur-planificateur à petite dose*: Il s'agit d'un rêveur très modeste prédisposé à la prudence (et parfois à un léger pessimisme). Il veut cependant rêver. Pour se protéger de tout échec ou déception, cette personne rêve en petit et en fonction d'étapes méthodiques et calculées. Il centre son attention sur un objectif à la fois, plutôt que sur une grande vision à long terme. Les tortues font de bons *rêveurs à petite dose.*

*Le rêveur-planificateur à l'esprit d'entreprise*: Voici le rêveur créatif qui n'a pas peur de prendre des risques et qui réussit souvent très bien en affaires. Contrairement au rêveur à petite dose, ce type de rêveur reste toujours branché sur la grande vision tout en faisant preuve d'une discipline qui peut permettre à de grands rêves de se réaliser. Son côté faible est qu'il entreprend parfois une trop forte tâche et tente quelque chose au-dessus de ses forces. Les lièvres inspirés font souvent de bons *rêveurs-planificateurs à l'esprit d'entreprise*.

*Le rêveur-planificateur inspiré par une cause*: Ce type de rêveur a un rêve orienté vers une cause et il est souvent engagé dans des débats activistes d'ordre environnemental ou social. On le rencontre également dans le travail missionnaire et le lobbying politique. Les lièvres idéalistes et les tortues pratiques sont tous deux attirés par ces genres de cause et font des *rêveurs-planificateurs inspirés par une cause* très engagée.

*Le rêveur de type Don Quichotte*: Le rêveur au rêve impossible donne l'impression de courir après des moulins à vent et de se nourrir de fantasmes. Idéaliste absolu, ce rêveur est motivé par des éléments qui se situent au-delà de l'ego et qui sont parfois de nature spirituelle ou altruiste. Donnant l'impression d'avoir la tête dans les nuages, ce rêveur s'identifie avec la cause qu'il embrasse et ne reste qu'un visionnaire appuyé par un nombre restreint de loyaux suiveurs de type «Sancho Pança». Néanmoins, à l'inverse du drogué du rêve qui se laisse absorber par de nombreux rêves, le *rêveur de type Don Quichotte* pourra passer sa vie entière à ne poursuivre qu'un seul rêve. Les lièvres peuvent devenir de passionnés *rêveurs de type Don Quichotte*.

*Le rêveur-planificateur coincé*: Il s'agit ici du rêveur passif qui meurt secrètement d'envie d'être reconnu ou d'avoir du pouvoir mais qui a peur d'agir selon ses désirs ou encore manque de motivation pour le faire. Le *rêveur coincé* projette parfois ses ambitions ou ses rêves sur son conjoint ou ses enfants, ce qui lui permet de vivre son rêve en prenant moins de risques directs lui-même. Certains de ces rêveurs deviennent la force agissante des rêveurs actifs qui, sans cela, ne réussiraient pas. Certaines tortues sont des *rêveurs coincés*, ainsi que certains lièvres timides.

*Le rêveur égaré*: Ce rêveur a oublié comment rêver et croit souvent qu'il n'a aucun rêve ou qu'il est incapable de rêver. Que ce soit à cause d'une déception ou du conditionnement, le *rêveur égaré* adopte l'attitude un peu stoïque «C'est comme ça que les choses sont.» Il se résigne souvent à son sort et ne s'épanouit plus. Il s'agit parfois d'un ancien rêveur qui a réalisé un rêve il y a longtemps et qui, parce qu'il a oublié de s'en créer d'autres, a perdu joie de vivre et entrain. Les tortues ainsi que les lièvres peuvent faire des *rêveurs égarés*.

# SAGESSE 2

# Quel est votre rêve?

*«L'expérience m'a au moins appris une chose.*
*Si on avance avec détermination dans la direction de ses rêves,*
*et que l'on s'efforce de vivre selon ce que l'on a imaginé,*
*le succès frappera à notre porte au moment*
*où on s'y attend le moins.»*

HENRY DAVID THOREAU

### En quoi consiste réellement votre rêve?

Nous savons tous reconnaître un fantasme, mais peut-être ne prenons-nous pas assez le temps de découvrir le rêve qui lui est sous-jacent ou sommes-nous incapables de l'énoncer en termes clairs. Peut-être que le rêve n'a rien à voir avec la Porsche du voisin ou de votre ami, même si cela peut éventuellement faire partie d'un rêve. En général, il faut un certain temps pour réaliser qu'il s'agit d'un rêve car un rêve est moins évident qu'un fantasme.

Certaines tortues estiment qu'elles ne rêvent pas du tout. Il se peut fort bien qu'elles ne sachent pas rêver. Mais ceci changera quand elles comprendront que leur planification contient souvent tous les éléments d'un bon rêve. Les tortues ont donc besoin de s'efforcer de voir le rêve qui sous-tend tout plan et les lièvres ont besoin de se concentrer plus sur le plan qui pourrait accompagner leur rêve.

## Tout rêve a besoin d'un plan

Il y a quelque temps, avant le mur des souhaits et la construction du bureau, je me suis entendue me plaindre au téléphone à mon amie Évelyne: «Je veux devenir écrivaine, mais j'ai l'impression de ne pas être capable d'y arriver en ce moment. Je ne me sens pas suffisamment stimulée ni motivée pour vouloir écrire sur quelque sujet que ce soit. J'ai quelques bons thèmes qui me tiennent à cœur dans mon tiroir, mais il y a toujours quelque chose qui se met en travers. Tout ce que je sais, c'est que je veux écrire et que je dois me tracer un plan d'ici peu.

— C'est exactement ça», rétorqua Évelyne, «tout rêve a besoin d'un plan.

— Ce que tu viens de dire est fantastique, Évelyne! Tu as raison! Tout rêve a besoin d'un plan, et ce sera le sujet de mon nouveau livre.» Voici que je retrouvais soudain la motivation. J'avais un rêve, j'avais besoin d'un plan et j'allais écrire à ce sujet-là.

Depuis l'instant où Évelyne a lancé cette expression, j'essaie de mettre au point le plan de mon rêve et de vivre en fonction de lui.

*Quand vous serez fin prêt à vraiment vouloir le rêve,*
*Vous serez également prêt à faire le premier geste*
*d'engagement,*
*C'est-à-dire à vouloir un plan et à y réfléchir.*

Un rêve sans plan ne reste qu'un rêve. L'auteur romain Sénèque a écrit: «Nos plans avortent tous parce qu'ils n'ont pas d'objet. Quand un homme ne sait pas vers quel port il navigue, aucun vent ne sera jamais le bon.»

C'est seulement quand vous commencez à envisager les choses en fonction d'un plan que vous commencez à progresser. Et lorsque vous avez trouvé un plan, vient avec celui-ci la carte routière. Et le voyage peut commencer.

## Quand un rêve vous est-il destiné?

*Quand vous voyez quelqu'un d'autre le vivre*. Il existe un bon signal indiquant qu'un rêve est pour vous: c'est quand vous constatez que ce qu'une personne fait suscite en vous une grande exaltation ou réveille un désir profond. Si vous vous surprenez à continuellement observer une personne au cours d'une certaine période ou à lire à son sujet, ou que vous cherchiez la compagnie de personnes dont le style de vie est ce que vous souhaitez, prenez-en note. Si vous vous surprenez également à penser: «Je pourrais le faire!», c'est que vous vous rapprochez d'un rêve qui pourrait se réaliser.

Il y a des années, je ne ratais jamais l'occasion d'assister à des conférences d'auteur. Assise dans l'audience, je pensais: «Que j'aimerais faire ça!» Non seulement je m'intéressais à la façon dont les écrivains travaillaient et vivaient, mais, une fois la conférence finie, j'étudiais la façon qu'ils avaient communiqué leurs idées, ce qui les avait motivés ou inspirés et je me demandais comment je m'y serais prise pour atteindre un but semblable. Le désir de vouloir vivre la vie d'un écrivain ne s'est pas emparé de moi du jour au lendemain. Le rêve a su venir à ma rencontre petit à petit alors que je poursuivais mes activités: assister aux séances d'autographes de livres par leurs auteurs en librairie, aux conférences d'auteurs et aux séries de conférences données en bibliothèque.

*Quand vous pouvez vous voir le vivre*. Vous savez que votre rêve est bon quand vous vous laissez aller à y songer et que votre imagination vous permet de voir des détails qui semblent très réalistes. J'insiste sur le terme *réaliste*: si votre rêve concerne un style de vie ou une profession, il vaut mieux que vous y regardiez à deux fois et bien en profondeur les détails de la vie en question.

Avant de comprendre vraiment ce que faisaient les écrivains, j'étais sous le charme de tout ce qui entoure la plupart des artistes et écrivains: le personnage, la réputation, l'aura, et le mystère.

Un écrivain à qui quelqu'un avait demandé quelle impression il avait de son métier, répondit simplement ceci: «J'adore *avoir fini* d'écrire.» À mes yeux, ce commentaire fut très révélateur de ce qu'il ressentait face à l'assiduité au travail que sa profession exigeait.

Vous devez pouvoir vous visualiser en train de vivre l'aspect de votre rêve que vous aimez le plus et simultanément accepter clairement celui qui vous déplaît. Êtes-vous réellement disposé à accepter ces deux aspects?

Peut-être est-ce le moment de faire un inventaire mental? Tout en réfléchissant à votre rêve, rédigez une liste des «plus» et une liste des «moins». Si vous procédez à ce petit exercice dès maintenant, vous éviterez peut-être plus tard d'avoir de la peine ou de saboter ce que vous avez entrepris.

*Quand votre désir et votre engagement face à un rêve donné sont plus importants que le résultat.* La réussite n'est pas quelque chose qui se produit en fin de parcours mais tout au long de celui-ci. Si vous partagez cette conviction, cela signifie que seuls vos efforts comptent. En d'autres termes, le résultat ou l'aboutissement final de votre rêve est-il le seul garant de votre bonheur ou si l'idée de ce rêve et la perspective de poursuivre un tel but suscitent-elles également en vous un énorme plaisir?

Par exemple, en tant qu'écrivaine, je prends plaisir à assister à des ateliers et à en animer. Et lorsque je n'écris pas, je lis et je fais de la recherche. Sinon, je pense à ce que je veux écrire. J'aime aussi discuter des idées originales, que ce soit des miennes ou des vôtres (au cas où vous seriez intéressé). Je feuillette sans arrêt les livres dans les librairies, je lis les comptes rendus et les critiques de livres, j'adore regarder les interviews d'écrivains ainsi qu'être interviewée. Et chose encore plus importante, même si je ne devais jamais être publiée à nouveau, j'aimerais toujours la langue, les histoires, les mythes et les symboles, et je continuerais à écrire et à me considérer comme une écrivaine. Vous devez vous trouver un rêve dont le parcours est aussi satisfaisant que le but.

*Si vous tenez à accorder à votre rêve l'ultime priorité, même si ce n'est pas toujours possible.* L'ordre des priorités change continuellement parmi les centaines de choses qui se disputent notre attention, entre autres la famille, le sexe, la lessive, la spiritualité, l'amitié, le soleil, et l'eau. Tous ces éléments doivent aussi trouver leur place dans le rêve, et à juste titre.

Mais vous savez qu'il s'agit d'un rêve lorsqu'une pensée revient inlassablement attirer votre attention pour que vous lui accordiez du temps. Et pour justement lui accorder du temps, il faut réussir à équilibrer tous ces éléments et trouver le moment propice. C'est pour cette raison qu'il faut vraiment vouloir ce rêve.

*Quand ce rêve appartient à vous et à personne d'autre.* Il est plus facile de vouloir un rêve s'il s'agit vraiment du vôtre, si ce n'est pas quelqu'un d'autre qui veut ou qui a choisi un rêve pour vous, ou si ce n'est pas quelqu'un qui vous demande de supporter son propre rêve. Si vous supportez le rêve d'un autre, vous finirez par éprouver du ressentiment quant à l'objectif du rêve, vis-à-vis vous-même et aussi, à un moment donné, face à la personne qui vous a «entraîné» dans son rêve sans que votre cœur y consente vraiment.

Quand le rêve est vraiment vôtre, vous n'avez aucune difficulté à vous sentir intègre face à lui car le cœur y est. Le rêve aura une grande signification pour vous et vous saurez clairement ce que sa réalisation représente pour vous sur les plans émotionnel, spirituel et temporel.

*Quand vous savez exactement à quoi vous en tenir sur le rêve.* Je pense à la maison au bord de la plage que je rêve de m'acheter. Mais l'objet du rêve est-il vraiment ici la maison?

La plupart de nos rêves tournent autour de quelques thèmes dominants. Peut-être ces thèmes ne sont-ils que des besoins qui refont surface jusqu'à ce qu'un désir très profond soit satisfait? Et un tel désir peut-il être comblé par quelque chose provenant de l'extérieur ou encore de l'intérieur?

Alors qu'un endroit tranquille au bord de la mer sera synonyme de simplicité, de santé ou de détente pour quelqu'un d'autre, à mes yeux, il en est venu à représenter le summum de la liberté. Une liberté que je n'ai pas su m'accorder facilement par le passé. Le fait d'avoir pris conscience de cette réalité a fait diminuer l'importance de la maison au bord de la plage et me permet d'élaborer un plan qui intègre plus de liberté dans le quotidien ainsi qu'une éventuelle retraite en solitaire, si possible au bord de la mer. Prenez bien le temps de penser à votre rêve et aux besoins qu'il pourrait satisfaire. Si votre rêve cache quelques secrets désirs, il est bon de le savoir.

Voici quelques-uns des grands thèmes qui pourraient constituer le fil conducteur de votre rêve:

- liberté
- pouvoir et contrôle
- amour
- créativité
- paix et contentement
- sécurité et sûreté
- reconnaissance et attention
- spiritualité

Les tortues et les lièvres avisés savent vraiment en quoi consiste leur rêve.

*Quand la vision propre à votre rêve bénéficie également aux autres.* Un grand rêve doit satisfaire celui qui rêve, mais d'une certaine manière, il doit dépasser celui qui rêve pour bénéficier aux autres aussi. Un grand rêve ne doit présenter aucun conflit entre le spirituel et le matériel, que ce soit pour le rêveur ou pour ceux qui sont touchés de près ou de loin par le rêve. Faites en sorte que le rêve soit assez grand pour englober d'autres gens que vous. Vous découvrirez que, dans les moments où vous vous sentez las ou découragé, vous trouverez immédiatement une autre raison de reprendre votre rêve et de vous démener pour lui.

En dernier lieu, cela ne rime à rien d'être capable d'imaginer la dernière étape du rêve si vous n'aimez pas et ne respectez pas son principal protagoniste, c'est-à-dire *vous*. C'était le cas d'une de mes amies qui me dit qu'elle aimait son rêve, mais qu'elle n'aimait pas ce qu'elle devait faire pour le réaliser.

Quand on parle de «bons» rêves, on parle de bonté pour soi et pour les autres. Ces rêves enjolivent la vie, ils ne la déprécient pas. Ils nous font tous sentir un peu plus grands que ce que nous sommes.

## Trouver le «bon timing» pour le rêve est un élément important du plan

Pour passer à l'action, vous devez vous poser la question suivante: «Ce moment-ci est-il le bon en ce qui concerne ce rêve? » Il y a en effet un nombre considérable de facteurs dont il faut tenir compte: les circonstances, l'économie générale, votre situation financière personnelle, les enfants, l'endroit où vous vous trouvez, et plus.

Il y a quelques années, j'eus l'occasion de participer à un salon de l'alimentation et ce travail me plut énormément. La direction m'avait engagée à titre de maître des cérémonies pour diriger, sur scène, les démonstrations culinaires d'auteurs et de chefs célèbres. Enfin, j'avais la possibilité de travailler avec d'autres auteurs et de voyager. Je rêvais de participer à d'autres salons du genre et cette première expérience m'avait ouvert des portes. Cependant, cette activité me semblait très difficile à gérer car je réalisais que ce rêve exigeait que je m'absente de la maison pendant des périodes prolongées alors que mes enfants étaient encore en bas âge. Le conflit d'intérêts était clair, il fallait que je fasse un choix. Je me devais de repenser aux décisions que j'avais prises quand mes enfants étaient nés pour pouvoir éventuellement choisir si oui ou non je voulais intégrer dans ma vie une carrière dans l'alimentation et la promotion. Je décidai de continuer à écrire à la maison et de voyager peu.

Et l'offre me passa sous le nez. Le timing n'était pas approprié. Tout ce que je pouvais souhaiter, c'est qu'une autre occasion, peut-être aussi belle, s'offre à moi au moment où je serais prête.

Et ce genre d'occasion se présenta à nouveau, au bon moment cette fois-ci. Je pense entre autres à l'année où j'écrivis et publiai le livre *Mad about Muffins*. à cette époque-là, les femmes se ruaient sur les livres de conditionnement physique, l'entraînement entre midi et deux et les collations saines. Tout le monde emportait des muffins pour le repas du midi. Des kiosques offrant des muffins se multiplièrent tout à coup un peu partout près des édifices à bureaux et dans les centres commerciaux. Ces délices que l'on s'offrait étaient énormes et infiniment variés. Quand les muffins devinrent répandus au point de remplacer les beignets, mon petit livre de cuisine fit fureur. Mon idée s'inscrivait dans le bon timing.

Il faut qu'un maximum d'éléments de votre plan fonctionnent bien, et choisir le bon moment pour passer à l'action est un élément clé. Pour laisser l'intuition vous dire si le moment est propice ou pas, il faut avoir une grande confiance en soi. En effet, le manque de confiance et d'expérience viennent souvent saper très tôt la planification des rêves. Et lorsque votre cœur sait que le moment n'est pas encore venu, il faut un certain courage pour ne pas aller de l'avant.

Vous pouvez également avoir peur de laisser passer une telle occasion ou une si belle idée, peur qu'il ne s'en présente pas d'autres, car le plus souvent, une fois la porte fermée, elle le reste. Dans ce cas aussi, il faut faire preuve d'une certaine confiance en votre capacité à attirer de nouvelles possibilités et à générer de nouveaux concepts. Ne laissez pas votre lièvre partir à l'épouvante pour devoir ensuite regretter le choix que vous avez fait.

> *Savoir intuitivement si le moment est propice ou pas*
> *diminue le facteur de risque dans tout nouveau plan.*
> *Ne pas le savoir augmente les facteurs de risque.*

J'avais autrefois l'habitude de penser que les idées qui germent en nous ont quelque chose de mystérieux et de magique. Il faut reconnaître que jouer avec les idées a quelque chose d'amusant et de spécial. Et c'est d'ailleurs à la portée des tortues aussi bien que des lièvres. Alors, si votre idée ne peut pas devenir un rêve parce que le moment n'est pas encore venu, mettez-la de côté ou, encore mieux, laissez-la complètement aller. Il se peut fort bien que quelqu'un d'autre la contemple. Ayez confiance en votre capacité de faire appel à vos ressources créatives.

Malheureusement, je n'ai pas toujours pensé ainsi. Il y a des années, je craignais que, si je ne passais pas à l'action alors qu'une formidable idée s'emparait de moi, je n'en aurais plus jamais d'autres. Ne vaut-il pas mieux croire, ainsi que l'exprimait de façon imagée un écrivain prolifique, que toutes les idées circulent devant nous sur une sorte de «transporteur imaginaire» flottant dans l'air.

En fait, tous les grands rêves et toutes les grandes idées sont donc à la disposition de n'importe qui désire s'abreuver à cette sphère de l'imaginaire. Lorsque vous voyez une de ces idées, observez-la et demandez-vous si vous en voulez. Si vous n'en voulez pas, laissez-la sur le convoyeur et quelqu'un d'autre la choisira peut-être. De temps à autre, un rêve qui vous parle beaucoup passera devant vous. Peut-être sera-t-il un de ceux que vous choisirez de réaliser?

Cette «méthode», qui a recours au rêve et au fantasme, assure la présence d'idées créatives dans l'univers, qui ne demandent qu'à être découvertes si vous avez la capacité de les laisser se manifester.

Donnez-vous quelques instants pour réfléchir à ce qui suit. Que se passerait-il si les idées, à votre instar, avaient leur propre champ d'énergie et voltigeaient tout autour de ceux ayant la capacité de les concrétiser? En d'autres termes, si vous-même êtes animé de l'impulsion de concrétiser votre créativité, les idées créatives cherchent peut-être de leur côté à se manifester. Si ce concept ne vous paraît pas trop tiré par les cheveux, vous pourrez peut-être admettre que si nous-mêmes nous «créons» ou choisissons une idée, l'idée, elle, cherche de son côté un «créateur». Et ensuite les deux se trouvent, c'est une rencontre parfaite. Le livre s'écrit en nous autant que nous l'écrivons, le rêve s'édifie en nous autant que nous l'édifions.

## Clarification de votre vision personnelle

Que vous ayez choisi le rêve, que le rêve vous ait choisi ou que vous vous soyez rencontrés au moment parfait, il est important maintenant de procéder à un examen de votre rêve et de le clarifier. Vous pouvez le faire en dressant un énoncé de ce qu'est votre vision. Il est important que vous acceptiez ce que vous croyez vouloir du rêve et ce à quoi le rêve s'attend de vous. Par ailleurs, il est essentiel que vous connaissiez les grandes lignes que vous désirez donner à votre rêve et que vous fassiez preuve de discernement en ce qui concerne vos espoirs pour ce rêve, ainsi que pour son aboutissement.

Si vous éprouvez de la difficulté à établir cet énoncé, le mettre sur papier serait probablement une bonne idée. Essayez de vous servir du tableau et de la technique que je propose à l'*Annexe 1*. Votre rêve pourra ainsi s'y exprimer, et vous aussi par la même occasion. Se mettre en contact profond avec le rêve et se sentir en harmonie avec lui (après tout, vous en êtes le créateur, le parent, l'instrument, etc.), vous aidera beaucoup à comprendre que, dans une certaine mesure, le rêve a sa propre vie ou destinée, et que son aboutissement est un mystère encore à découvrir.

En dépit de votre capacité de contrôler l'actualisation de votre rêve, il est toujours bon d'avoir les idées claires quant à votre intention globale, votre raisonnement de base ou votre engagement face à certaines idées qui aideront le rêve à devenir réalité. Vous donnez ainsi à votre rêve une assise solide pour qu'il puisse traverser ses premières étapes, toujours un peu délicates.

# SAGESSE 3

# Qui fait partie du rêve et qui n'en fait pas partie?

*«Un petit groupe de cœurs avisés
vaut mieux qu'une foule d'idiots.»*

JOHN RUSKIN

## Votre rêve a-t-il un porte-flambeau?

Vous avez peut-être la chance d'avoir dans votre vie des «porte-flambeaux» actifs. Il y a au moins une personne ou un petit cercle d'amis à qui vous pouvez confier votre rêve et qui saura contempler votre vision à vos côtés. Ceci ne veut pas dire qu'un «porte-flambeau» est celui qui crée le rêve de concert avec vous ou qui y prend part. (Par contre ceci s'avère vrai quand une communauté ou un cercle d'amis élaborent en commun un rêve et le réalisent ensemble).

Le «porte-flambeau» est celui qui se fera résolument le mandataire du feu qui attise votre rêve. Une fois votre rêve confié à cette personne, celle-ci devient la dépositaire du plan et est disposée à «porter» le rêve lorsque le rêveur ne le peut pas. Et quand le rêveur perd confiance ou qu'il perd de vue son objectif, quand il fait fausse route ou se met à douter de lui-même ou encore à avoir de la malchance, c'est le «porte-flambeau» qui prend le relais et ravive la flamme du rêve.

Un rêve ne peut pas se développer sainement dans le vide de votre propre esprit: il a besoin d'être nourri de paroles d'encouragement prononcées par quelqu'un qui prend les choses vraiment à cœur. Une telle personne est idéale pour vous donner son avis sur votre plan et pour vous aider à passer à travers les moments où vous tournez à vide, et ce, étape par étape. Certains de ces porte-flambeaux font leur apparition dès les balbutiements du rêve, d'autres n'entrent en scène que plus tard. L'apparition de telle ou telle personne à un moment crucial ou on ne peut plus opportun, ne manquera pas de vous surprendre.

C'est au moment précis où vous vous découragez et où vous vous entendez dire «Je suis coincé» ou «À quoi bon continuer?», que le «porte-flambeau» viendra vous remettre à l'esprit ce dont vous aviez rêvé au départ. Cet ami saura également vous rappeler ce que vous pourrez être dans l'avenir et ce vers quoi cet avenir tend.

Donna et Jim sont des amis à moi qui font équipe pour produire des sculptures sur bois d'une extrême finesse, sculptures qui représentent des animaux. Toucher les ailes déployées d'un des oiseaux que Jim est en train de sculpter, c'est comme caresser une sculpture de velours. Jim a commencé à sculpter alors qu'il était encore dans les Forces armées canadiennes: il réalisait sur commande des armoiries pour ses collègues. Une fois leurs enfants devenus grands, le couple prit un risque audacieux: il sacrifia la sécurité du revenu pour se consacrer totalement à la sculpture. Le but de Jim était de se vouer corps et âme à son art et de le parfaire du mieux qu'il le pourrait au cours des années qu'il lui consacrerait son temps.

«Mon truc à moi», l'ai-je entendu dire à maintes reprises, «c'est de me développer et d'améliorer ma dextérité pour réaliser le meilleur travail dont je sois capable. Et quand une personne aime une de mes œuvres à un point tel que, même une fois rendue chez elle, ma sculpture lui trotte sans arrêt dans la tête et qu'elle envisage sérieusement de l'acheter, alors là je suis le plus heureux des hommes. Je me dis que j'ai accompli ce que je m'étais donné de faire.»

Donna est également très engagée dans le travail de Jim. Ensemble, ils vont se procurer le tilleul qu'ils apprêtent ensuite pour le travail de sculpture. Ensemble encore, ils préparent leur participation aux nombreux salons d'artisanat qui ont lieu chaque année, le *Muskoka Autumn Studio Tour* étant le salon le plus important. Le travail acharné de Donna est aussi important pour l'entreprise que la dextérité manuelle de Jim. Des montagnes de copeaux plus tard, Donna est toujours et encore le porte-flambeau du rêve de Jim.

Mais les rêves peuvent également se concrétiser sans la présence d'un porte-flambeau significatif: il suffit simplement d'harmoniser les énergies de votre lièvre et de votre tortue. Le lièvre détient la vision et la tortue transporte le rêve sur son solide dos. Quand deux personnes dialoguent et se supportent l'une l'autre tout le long du parcours, il est plus facile d'arriver ensemble sur la ligne d'arrivée. Dans d'autres cas, il vaut mieux effectuer seul le trajet permettant d'accomplir un rêve. C'est peut-être ce que vous avez besoin de faire pour pouvoir faire honneur à ce que vous êtes. Sur le plan intériorité, c'est la même chose; il n'y a que les préparatifs physiques et le rituel traditionnel qui manquent.

Si vous souhaitez par contre avoir un porte-flambeau mais que vous pensez que ce souhait ne se réalisera pas, vous pourriez peut-être vous inspirer de ce que je vous suggère ci-après. Nous pouvons tous donner un porte-flambeau à un rêve, même si la personne que nous avons choisie a déjà quitté son corps. Le souvenir d'une personne qui nous comprenait vraiment, qui authentifiait ce que nous sommes réellement au fond de nous et qui soutenait nos idées peut nous aider à garder notre entrain. Un ami ou un membre de la famille qui vit loin de nous peut nous apporter autant en communiquant avec nous par téléphone qu'une personne se trouvant physiquement dans notre entourage. Un porte-flambeau peut prendre des formes diverses selon les gens. En ce qui me concerne, je sens que j'ai un ange gardien qui me guide quand je rêve la nuit ou quand je songe le jour: il berce mon rêve pendant que je prie.

## Votre rêve a-t-il besoin d'un partenaire?

Tout comme les lièvres et les tortues semblent être faits l'un pour l'autre dans l'union, ils semblent également s'attirer l'un l'autre comme associés en affaires. Si, par contre, une telle association se produit prématurément, c'est-à-dire avant qu'ait été attentivement considéré ce que chacun des éventuels partenaires peut apporter sur le plan des capacités, du tempérament et de l'engagement, il pourra en résulter de la frustration pour les tortues et pour les lièvres. Ils se retrouveront en effet pieds et poings liés à cause d'une entente d'association bâclée.

Le côté positif de la chose, comme la fable racontée de nouveau l'indique, c'est que, malgré leurs tempéraments foncièrement contraires et leur adversité réciproque naturelle qui en font des adversaires amicaux, le lièvre et la tortue ont beaucoup à s'apprendre réciproquement si jamais ils décident de collaborer. Cette enrichissante et intéressante différence se traduit souvent par des échanges positifs et négatifs qui, simultanément, avantagent et désavantagent la plupart de tous les scénarios de partenariat ou d'équipe. Les lièvres et les tortues continuent donc sans cesse de se défier et de se stimuler l'un l'autre de façon créative, que ce soit dans les affaires ou dans les relations personnelles de toutes sortes.

Lorsque des conjoints deviennent également des partenaires en affaires, les choses ne fonctionnent pas toujours aussi bien que dans le cas de nos amis Jim et Donna. Par ailleurs, même si certains porte-flambeaux peuvent faire de grands partenaires en affaires, il ne viendrait jamais à l'idée de certains couples de travailler ensemble. Les avantages et les inconvénients d'une telle aventure sont évidents: au cours des années, la confiance s'est établie ainsi qu'une intimité qui peut permettre de faire face à l'adversité quand elle survient ou alors qui peut accentuer les problèmes relationnels.

Par conséquent, il n'est pas recommandé pour certains couples de s'associer en affaires, surtout si un des deux partenaires a de forts besoins de contrôle au sein de la relation. Le partenariat entre amis est encore plus fragile. Craignant de s'offenser ou, pire, de perdre l'amitié de l'autre, les amis répugnent à aborder les problèmes quand ces derniers se présentent. En réalité, le plus souvent, l'amitié change effectivement une fois que des amis ont décidé de s'associer. Et malheureusement, la relation d'amitié en est endommagée à tout jamais. Ce qui a commencé par un enthousiasme innocent se termine souvent pas des susceptibilités blessées.

Avant d'envisager de demander à quelqu'un de devenir votre partenaire, expliquez-lui que vous préférez d'abord le considérer comme votre porte-flambeau ou votre mentor. Observez alors sa façon de réagir aux buts que vous voulez atteindre. Accordez-vous beaucoup de temps pour échanger et pouvoir comprendre la perception de chacun. Si votre interlocuteur vous suggère de devenir son partenaire et que vous ne vous sentez pas prêt ni certain, faites-lui en part en toute honnêteté et expliquez-lui que vous avez besoin d'évaluer si un partenariat vous convient, et ce, à la lumière de ce que vous savez à votre sujet et au sujet de vos buts à long terme. Si l'autre met de la pression sur vous et vous taraude jusqu'au point de vous amener à vous justifier, ceci constituera pour vous la plus précieuse des informations à son sujet. Et s'il vous arrive d'offenser l'autre involontairement, il vaut mieux que cela se produise maintenant que plus tard.

Quant un partenariat est solide, chacun des partenaires ressent une grande estime pour les opinions, les compétences et l'apport de l'autre. Vous avez besoin d'un partenaire qui respecte ce que vous avez à lui offrir. Si vous avez des doutes à ce sujet, il vaut mieux que vous y réfléchissiez encore.

Voici quels sont les signaux d'alarme auxquels vous devez prêter attention:

*Un des partenaires fait preuve d'une certaine arrogance ou supériorité.* Il peut arriver que les lièvres soient un peu imbus de leur personne et de leur créativité. Les tortues, quant à elles, peuvent être très suffisantes quant à leur logique ou leur aptitude à gérer le temps. Signal d'alarme: «Tu devrais savoir que je dois me sentir inspiré pour travailler. C'est pas comme ce que tu fais.»

*Un des partenaires fait des remarques blessantes au sujet du manque de connaissances de l'autre dans un domaine, même si les commentaires sont teintés d'humour.* Les lièvres et les tortues ont souvent en secret des opinions critiques les uns par rapport aux autres. Signal d'alarme: «Tu n'as vraiment pas la bosse des affaires surtout quand il s'agit de chiffres!»

*Un des partenaires fait des commentaires peu élogieux sur son propre manque de connaissances dans un domaine afin que l'autre se sente obligé de lui remonter sans cesse le moral.* Quand les lièvres et les tortues ont confiance en eux-mêmes, ils n'ont pas la sensation d'être lents ou idiots. Mais si un des partenaires se sent inférieur à l'autre dans un domaine ou un autre, le partenariat s'en ressentira fort probablement. Signal d'alarme: «Je n'ai pas ton talent; tu n'as peut-être pas vraiment besoin de moi.»

*Un des partenaires semble être fortement influencé ou dominé par les opinions de son conjoint ou d'un autre membre de la famille.* Un lièvre en affaires avec une tortue découvrira que les objections du conjoint (lièvre) de son partenaire dérange la relation d'affaires plus que n'importe quoi d'autre. Soyez à l'affût des partenaires invisibles dont vous pouvez hériter. Signal d'alarme: «Je ne sais pas quoi dire à ce sujet. Il faudra que je vois ce que ................. en pense.»

*Un des partenaires semble avoir une relation de codépendance face à une personne de même sexe ou de sexe opposé, et vous êtes de ce sexe.* Qu'elles soient passées ou présentes, les confrontations fondées sur les rapports de force entre le partenaire et une forte figure masculine ou féminine de la famille peuvent être une clé indicatrice de la façon dont la relation d'affaires pourrait se passer. Signal d'alarme: «Mon père sait encore très bien remuer le couteau dans la plaie. Quand il commence à me critiquer, j'ai l'impression d'avoir à nouveau 13 ans.»

*Un des partenaires est déchiré par le conflit intérieur de devoir choisir entre la famille et la carrière.* Y a-t-il un autre lièvre à la maison qui réclame plus d'attention que ce que votre partenaire est capable de donner ou bien une tortue aux idées bien arrêtées sur l'importance à accorder au travail par rapport à la famille? Signal d'alarme: «Je ne suis pas sûre de vouloir voyager avant que les enfants aillent à l'école primaire.»

*Un des partenaires semble avoir un fort comportement de dépendance, que ce soit face à une substance ou à une attitude. Ou alors il vient à peine de s'en sortir.* Nous choisissons en premier lieu de ne voir que les aspects positifs que notre partenaire apporte à l'association. Il faut vérifier si votre partenaire ou vous évitez d'aborder un domaine problématique. Si c'est le cas, gardez dès maintenant les yeux grands ouverts. Signal d'alarme: «Je travaille pendant de trop longues heures. Il faut que je rentre chez moi et que je prenne quelques verres pour relaxer.»

*Un des partenaires a des attentes irréalistes en ce qui concerne l'association ou le rêve.* Ceci se produira plus probablement chez les lièvres que chez les tortues. Quand deux lièvres décident de s'associer, attention aux dégâts! Signal d'alarme: «Si nous y mettons toute la gomme pendant deux ans, nous serons en bonne voie de gagner notre premier million. À partir de là, les choses devraient aller comme sur des roulettes!»

*Le style de vie de votre partenaire indique que certaines de ses valeurs fondamentales ne correspondent pas aux vôtres.* Les lièvres et les tortues ont besoin d'avoir une idée bien claire des différences qui existent entre leurs valeurs de base respectives. Étudiez avec attention les attitudes en ce qui a trait à l'argent, la famille, la spiritualité, la sécurité afin de pouvoir bien évaluer s'il y a compatibilité. Signal d'alarme: «Ne t'attends pas à ce que je laisse tomber mes sorties de ski à Aspen. Je n'ai pas envie de me serrer la ceinture juste pour que ce projet puisse décoller.»

Lorsqu'une association *fonctionne bien*, le parcours qui mène vers l'accomplissement du rêve se fait dans un esprit de camaraderie, de collaboration, de respect, de plaisir et de satisfaction. À tout ceci vient s'ajouter la gratification financière. Lorsqu'une association *ne fonctionne pas bien*, la situation vire à une situation embarrassante pénible qui limite la croissance personnelle et créative des deux protagonistes.

Une telle situation constitue par contre une belle occasion d'apprendre que les associations infructueuses ne le sont pas seulement à cause d'un des deux intervenants.

De toute évidence, le plan était excellent au début, mais à un certain niveau, les partenaires sont maintenant mis au défi d'admettre leurs propres actions et leurs réactions. Peu importe que la raison pour laquelle ils ont initialement voulu d'une telle association soit d'origine consciente ou inconsciente. Toujours est-il que de telles associations peuvent déclencher en nous des comportements découlant de nos croyances et de nos problèmes les plus enracinés.

Réussir à faire fonctionner une association ou se sentir en paix d'abandonner une association difficile et destructive peut se révéler une leçon précieuse. En effet, il faudra aller au fond de certaines choses inachevées émanant de notre enfance. Et, une fois que tout est fini, nous réaliserons peut-être que nous avions seulement besoin de découvrir qu'une association en affaires n'était tout simplement pas faite pour nous.

## Votre rêve a-t-il besoin d'un mentor?

Il est assez rare qu'un mentor et un porte-flambeau soit une seule et même personne, même si cela arrive parfois. La plupart du temps, les porte-flambeaux évoluent plutôt du côté de notre vie personnelle, alors que les mentors se trouvent dans les milieux du travail ou de l'action communautaire. Mon dictionnaire décrit le mentor comme un guide, un conseiller sage et expérimenté. Dans mon esprit cependant, un mentor représente bien plus que ça.

Il ne faut surtout pas sous-estimer l'importance d'un mentor face à un rêve. Qu'il joue un rôle passif ou actif, qu'il soit proche ou éloigné de vous, un mentor devient un modèle dont on peut s'inspirer et peut-être aussi un élément clé pouvant ouvrir l'importante première porte.

À partir du moment où j'ai commencé à écrire, j'ai toujours voulu avoir un mentor dans le domaine de l'édition, quelqu'un d'influence qui saurait reconnaître mon potentiel et serait disposé à investir un peu d'énergie pour le soutenir. La publication de mon livre *Mad about Muffins* me fit connaître comme la «dame aux muffins» dans les milieux de l'édition et des médias. Ceci par contre n'aida pas beaucoup à la publication de l'ouvrage que je venais de finir sur les familles reconstituées, livre que j'avais intitulé *Love in the Blended Family*. Mon manuscrit avait été rejeté par plusieurs maisons d'édition. Que me restait-il à faire?

Mais, le «hasard» faisant bien les choses, un éditeur fort connu vint faire dans la bibliothèque de notre localité une présentation très dynamique sur son exceptionnelle carrière. Je savais qu'il était non-conformiste dans ses démarches, publiant de jeunes écrivains encore inexpérimentés et adoptant un style promotionnel merveilleusement unique dans un secteur très conformiste à ce moment-là. Si le président dans la quarantaine d'une maison d'édition canadienne bien établie pouvait parader aux abords d'une grande intersection de Toronto dans une toge romaine pour faire la promotion d'un de ses auteurs, alors c'était absolument le type de lièvre dynamique qu'il me fallait comme mentor. En général, ce sont les mentors qui choisissent leurs protégés. Et ce gentleman ne savait même pas que j'avais besoin de lui et que j'avais l'intention d'attirer son attention!

Me présenter à lui au cours de cet événement et le convaincre de s'intéresser à mon manuscrit était le seul «plan» dont je disposais. Avec cette idée en tête, j'arrivai très en avance pour m'assurer un siège au premier rang. Habillée avec beaucoup de distinction, je pris place parmi les autres personnes qui étaient venues l'écouter raconter son rêve. Pendant la courte période de questions et de réponses qui suivit son allocution, je me fis entendre afin d'établir un contact visuel. Puis, l'audience applaudit, se dispersa et, à mon grand désarroi, «mon mentor» disparut. J'étais horrifiée à l'idée de penser que la chance me filait entre les doigts à tout jamais. Et, sans prendre le temps d'y accorder la moindre réflexion, je passai à l'action avec audace.

J'allai me poster dans l'embrasure d'une porte située tout près de la salle de conférences, là où se trouvait un téléphone public. Je faisais semblant de converser au téléphone et j'attendais qu'il fasse son apparition. Alors qu'il s'approchait des portes donnant sur l'extérieur, je préparai ma sortie afin de me trouver juste derrière lui. Il fut amené par galanterie à me tenir la porte. Je le remerciai et, alors que nous arrivions au terrain de stationnement, il me sourit comme pour me signaler qu'il m'avait reconnue. M'avait-il reconnue parce que j'avais posé une question un peu plus tôt? Peut-être. Enfin, la chance me souriait aussi!

Dans les quelques minutes qu'il nous fallut pour arriver à nos voitures, je lui déballai un résumé de ma biographie et lui proposai mon livre *Love in the Blended Family* en lui vantant ses mérites. Quand nous nous saluâmes pour nous quitter, il fit une pause, me regarda avec un air quelque peu étonné et me dit sans ambages: «Vous auriez du succès à la télévision, vous savez. Envoyez-moi votre manuscrit et je le ferai lire par mon comité de lecture.» Je débordais de joie! Il ne faisait aucun doute qu'il avait su reconnaître mon regard plein d'aspiration, et peut-être aussi ma mise en scène pour lui «vendre mon livre». Cela n'avait aucune importance.

Mais les circonstances ne jouèrent pas en ma faveur. Au moment de notre première rencontre, il était en effet sur le point de conclure la vente de sa maison d'édition et, bien qu'il ait exprimé le souhait de bien vouloir accepter mon livre, il fut dans l'incapacité de me faire une offre de publication. Mais pourtant, pendant toute cette période, il s'efforça d'établir et de maintenir un lien de nature positive entre nous. Ce fut sa lettre néanmoins qui m'encouragea le plus car il m'y affirmait qu'il était certain que je réussirais. C'est lui qui m'assura le soutien que j'avais espéré recevoir d'un mentor. Et plus tard, c'est une autre maison d'édition qui acheta mon manuscrit.

Cet éditeur ne se doutait pas le moins du monde à quel point la bonne impression qu'il avait eue de moi m'aiderait dans mes démarches. Il ne se doutait pas non plus du nombre de fois que je relirais sa lettre dans les moments où mon rêve perdait un peu de son élan. Même s'il fut un mentor silencieux, cet homme fit partie de mon rêve du début à la fin.

## Quand votre rêve n'a pas le soutien d'un autre

Grâce à la sagesse du hibou, on sait qui ne peut ou ne veut pas faire partie de notre rêve. Et fréquemment, on le sait long-temps avant même de se permettre de le réaliser consciemment ou avant d'avoir le courage de passer à l'action pour régulariser les choses.

Pour pouvoir suivre le plan, il faut parfois reconnaître qu'il est nécessaire de prendre de la distance. Lorsque des amis ou la famille exercent de la pression sur vous et ont des attentes envers vous, vous subissez continuellement leur influence. Vous aurez alors peut-être besoin de vous éloigner physiquement d'eux pendant un certain temps. Cette façon de faire est très efficace pour se libérer psychologiquement d'un poids et pour se mettre dans la disposition d'esprit permettant d'envisager votre rêve et votre style de vie à vous.

En effet, votre rêve peut vous amener à devoir fonctionner dans un monde complètement différent, un monde où les autres vous perçoivent sous un jour nouveau et dans lequel vous pouvez aussi vous comporter de façon différente. Si «revenir chez vous» signifie pour vous mettre le masque d'un autre personnage, devenir autre que ce que vous êtes, que ce soit lorsque vous arrivez dans votre ville natale ou dans la cuisine de vos parents, il est probablement temps d'effectuer des changements. Il est possible que plus tard, une fois que vos nouveaux choix seront fermement établis, il vous soit plus facile de fixer vos limites et de rester centré lorsque vous aurez à composer avec des gens qui vous sont antipathiques.

Si «revenir chez vous» veut dire mettre un masque quand vous saluez votre conjoint dans le corridor, vous vous trouvez devant un douloureux dilemme. Certains d'entre nous peuvent faire comme si de rien n'était, alors que d'autres sont bouleversés de prendre conscience qu'ils ne sont pas capables ou qu'ils n'ont pas la permission d'être totalement eux-mêmes dans la relation. Ces gens-là réalisent la triste réalité: le partenaire qui leur est très cher est sans doute physiquement présent dans le rêve, mais sur le plan émotionnel, il en est absent. Il s'agit du dernier cri d'alarme: Est-ce le moment d'abandonner l'idée de vouloir cette personne comme partenaire? Cette personne fait-elle encore partie du rêve?

«Comment en suis-je venue à me retrouver dans ce pétrin?», me demanda un jour mon amie Jane. «Je pensais qu'il m'avait épousée justement parce que j'étais créative et pleine de rêves. Mais je dois continuellement justifier ce que je fais et où je vais. J'avais espéré qu'il me ferait confiance et m'encouragerait à prendre des cours d'art plastique maintenant que les enfants sont à l'école. Mais non! Selon lui, je ne fais que m'amuser et je devrais grandir un peu et me trouver un *vrai* travail. Pourquoi m'a-t-il épousée si je ne suis pas le genre de femme qu'il voulait avoir?»

Jane a découvert le merveilleux monde de l'art et veut continuer de l'explorer. Elle n'est pas tout à fait certaine du lieu où ce rêve la conduira, mais l'idée de faire carrière dans le domaine de la thérapie par l'expression artistique lui sourit, et elle projette de suivre des cours pour avoir les qualifications nécessaires. Le reste de la situation ne constitue qu'un cliché fort connu: les nouveaux amis rencontrés dans les cours d'art, le mari que l'art ennuie (ça le dépasse, dit-il, et de plus ça ne l'intéresse pas) et le mentor qu'elle rencontrera à un moment donné.

Jane a une décision importante à prendre: poursuivre son rêve malgré son mari ou poursuivre son rêve sans son mari. Dans les deux cas, elle se sentira très seule. Il ne peut pas lui servir de porte-flambeau. Heureusement, elle a de bons amis qui sont disposés à le faire.

Le lâcher-prise le plus douloureux advient quand nous réalisons que nous sommes entourés de «saboteurs», qu'ils agissent ouvertement ou sournoisement. Chez les personnes que nous aimons, ce genre de «sabotage» provient d'un besoin de se protéger ou de contrôler l'amour que nous leur portons. Ils n'aiment pas que nous ayons un rêve, de peur que la relation change ou que nous les abandonnions.

Parfois, nous nous imaginons que nous avons le support d'un parent ou d'un ami pour réaliser, beaucoup plus tard, que ce qui avait commencé en toute innocence se termine dans une atmosphère de rivalité et de jalousie. Ce genre de situation n'est pas souvent comprise ni perçue consciemment. Les membres de notre famille nous veulent du bien, mais parce qu'ils sont humains, ils se souhaitent aussi du bien à eux. Il est donc plus facile d'être un porte-flambeau quand nous sommes nous-même en train de poursuivre un rêve. Par ailleurs, de nombreuses unions et amitiés vacillent lorsqu'une des deux personnes stagne dans l'insatisfaction alors que l'autre poursuit sa route.

Ceci veut dire que nous sommes alors arrivés à une croisée de chemins dans notre rêve où nous devons rétablir l'équilibre et réévaluer non seulement le rêve, mais aussi ceux qui en font partie.

❧

# SAGESSE 4

# Un rêve est fragile

*«J'ai étalé mes rêves sous vos pas.*
*Avancez avec précaution car*
*c'est sur eux que vous marchez.»*

W. B. YEATS

## Les peurs non affrontées

Tout commence par un souhait. Puis, les émotions et le désir confèrent de l'énergie à ce souhait. Maintenant, il est devenu un rêve puissant. Et nous le voulons de tout notre être. Et derrière tout cela, il y a la peur.

La peur est un «escroc» qui nous pousse dès le début à saboter le rêve avant même que nous ayons eu l'occasion d'en entamer la réalisation. Et si la peur ne nous a pas effondré cette fois-ci, elle revient plus tard avec encore plus de force, sitôt que le plan et le mouvement sont lancés et que nous avons encore espoir et confiance. Finalement, quand nous commençons à réaliser que le rêve a effectivement le potentiel de se réaliser, la peur vient faire une incursion pour le contre-carrer, même si, de toute évidence, il fonctionne: travail laborieux et réussites passées à l'appui.

Selon moi, la peur a trois visages, un peu comme les spectres menaçants qui venaient hanter Scrooge dans *Les Contes de Noël* de Charles Dickens. La peur nous envoie les spectres du passé, du présent et de l'avenir.

Chaque fois que j'ai permis à la peur de tuer mon rêve dans l'œuf, c'est que le sentiment associé à cette peur était celui d'échouer. Le spectre du passé m'amenait alors à m'appesantir sur les souvenirs des échecs antérieurs. J'étais parfois assez forte pour résister aux effets négatifs de ces visions, et d'autres fois non. Quand je parvenais à résister à l'assaut de mon saboteur, un deuxième spectre faisait son apparition à une étape plus avancée du rêve, juste au moment où la confiance et l'espoir s'édifiaient.

À ce moment-là, le sentiment associé à la peur était celui de ne pas mériter le bonheur. Ce spectre me faisait voir ce qu'une vie productive et créative pouvait être. Et si je succombais à la peur que celle-ci ne dure pas, elle ne se prolongeait effectivement pas. Si mon rêve et moi pouvions survivre à cette étape, il restait encore le sabotage final, la peur du succès. Juste au moment où le rêve s'apprêtait à faire son entrée dans le monde adulte et bien actuel, le troisième spectre faisait subitement son apparition pour me faire entrevoir mon «moi futur» dénué de toute peur, le moi ayant réalisé le rêve et atteint le bonheur. Et cette vision était la plus terrifiante de toutes.

Quand je décidai une fois pour toute de surmonter ces peurs, mon cheminement dans le rêve fut une expérience totalement différente, un peu comme un conte de fée, faisant de moi l'héroïne enfantine du roman racontant l'itinéraire mythique de mon propre rêve. J'avais l'impression d'avoir emprunté le sentier d'une longue et laborieuse quête qui, une fois entamée, ne me laisserait pas facilement revenir en arrière. J'entrai dans une forêt dense envahie de mauvaises herbes touffues où je m'empêtrai dans des ronces. Le chemin avait soudain grandement rétréci et, isolée pendant un certain temps de mes compagnons, je me sentis abandonnée. Je souhaitai pouvoir retrouver la sécurité de ma famille d'origine, mais celle-ci se trouvait trop éloignée pour m'être d'une aide quelconque à ce moment-là.

Au cours de cette période difficile, je connus la solitude. Mais, c'est ce que j'avais choisi et, en plus, j'aspirais intensément à connaître le royaume qui se trouvait de l'autre côté. D'autres personnes qui y étaient déjà parvenues, en étaient ressorties transformées et m'avaient raconté à quel point cet autre côté était paisible et merveilleux. La peur collée à la peau, je convins qu'il devait en être ainsi et je poursuivis ma route.

Comme d'autres personnes en ont déjà fait l'expérience, ce genre de cheminement, qui nous confronte aux peurs spectrales du passé, s'apparente toujours à une quête psycho-spirituelle de soi-même qui nous fait découvrir l'être authentique qui vit en nous. Ces dernières années, on le qualifie de cheminement de guérison, de retour vers l'enfant intérieur et de route vers la redécouverte de soi. Ce qui nous attend en fin de parcours, c'est une sensation intérieure d'harmonie et de plénitude, la force que nous confère la récente découverte de l'estime de soi et, en même temps, le plein épanouissement de notre créativité et de notre spiritualité.

## Tout nouveau rêve a besoin d'une période d'incubation

Quand vous réalisez que votre nouveau rêve a de l'avenir, vous vous sentez comblé d'espoir. À la fin, une idée naîtra et le rêve deviendra votre bébé. Mais les nouveaux rêves ne peuvent pas survivre si on ne les prend pas en main avec délicatesse et si on ne les nourrit pas avec douceur.

Les rêves ont besoin d'incuber pendant un certain temps dans une «pouponnière à rêves», où les aides-soignants seront pour eux aux petits soins. Ces pouponnières, on les trouve partout: dans une ferme qui entraîne des pur-sang, dans les studios d'artistes, dans les ateliers de bricolage de sous-sol, dans les gymnases et les bureaux installés à domicile.

Si vous parlez trop ou pas assez, vous pouvez tuer votre rêve, un peu comme l'excès d'attention ou la négligence peuvent freiner le développement d'un enfant. Trop parler peut disperser et réduire l'énergie et l'enthousiasme voulus pour lancer un rêve. Ceci se révèle particulièrement vrai si vous choisissez mal les «premières oreilles» qui vous entendront et que vous faites part de vos idées à une personne qui, prétextant qu'elle prend vos intérêts à cœur, vous fait des commentaires où abondent le scepticisme, les impossibilités, les «oui mais» et les «si jamais».

Parler trop peu peut affaiblir le rêve ou le faire mourir d'inanition. Envisager un rêve sans partager du tout vos pensées ou sans élaborer un plan d'action risque de transformer le rêve en fantasme.

## Le premier pas doit être franc et décidé

Les hiboux savent bien que les premiers pas à faire pour réaliser un rêve doivent se faire de façon décidée, mais avec volonté et prévoyance. Et ces premiers pas ont parfois un «potentiel mortel» pour les rêves. Trop d'audace ou d'impétuosité se traduit souvent pas un atterrissage forcé. L'élan d'énergie qui accompagne ces premiers pas peut vous propulser sur votre séant, comme c'est le cas pour le bambin qui apprend à marcher.

## Certaines expériences négatives constituent de bonnes leçons

Les idées nouvelles et créatives sont comme les semences: elles ont besoin de protection, sinon elles perdent leur fertilité. C'est ce qui m'est arrivé quand une maison d'édition publiant des revues a trouvé emballante mon idée de faire paraître un article qui servirait de base à mon nouveau livre. Pensant avoir le temps de rédiger une première version de mon livre avant la parution de l'article, je fis parvenir mon article à l'éditeur. Mais la vie s'en mêla: un autre auteur eut vent de mon article, élabora un concept semblable et rédigea son livre. J'avais mis la charrue avant les bœufs et divulgué mon idée beaucoup trop tôt. Je réalisai trop tard qu'avoir retenu l'article jusqu'à la parution du livre, ou du moins jusqu'à ce que j'aie signé un contrat, eut été bien plus intelligent.

Même si mon projet de livre avait été saboté, je devais en tirer une leçon importante pour mon rêve. Je dus prendre le temps de réfléchir sérieusement à une chose: si je considérais effectivement mes idées comme mes «bébés», pourquoi alors étais-je négligente au point de les «envoyer jouer tout seul dans la rue»? Accordais-je si peu de valeur à mes idées ou alors avais-je, comme certaines personnes, tellement d'idées que je ne savais pas trop quoi en faire? Un peu des deux, en fait.

Après avoir vécu un certains nombre d'expériences, je pris conscience que de bons sujets de livres me venaient régulièrement à l'esprit, même s'ils étaient parfois semblables à ceux d'autres auteurs d'ouvrages généraux. Par exemple, plusieurs livres sur les muffins furent rédigés pendant une période de deux ans après la parution du mien. Ceci m'encouragea à croire davantage à mes idées et fit diminuer mon besoin d'être rassurée par ceux qui me supportaient. À la longue, je tirai des leçons de ma naïveté et compris comment mieux protéger mes nouvelles idées.

Parallèlement à ces premières expériences à travers lesquelles j'avais besoin d'affirmer la valeur de la créativité de mes idées, je dus aussi remettre en question mes capacités en tant qu'écrivaine. Ma première maison d'édition refusa l'introduction de trois pages que j'avais écrite pour *Mad about Muffins*. L'angoisse me tourmentait alors que j'en rédigeais trois versions distinctes.

La responsable me dit finalement: «Ne t'inquiète pas, Angie, je vais l'écrire. Il y a beaucoup d'auteurs connus qui ont reçu l'aide de leur éditeur.» Constatant ma totale frustration, elle amena un autre argument dans la discussion pour essayer de me consoler: «Certains d'entre nous savent écrire, d'autres savent cuisiner et d'autres encore savent écrire et cuisiner. Toi, tu sais cuisiner, Angie.»

Cette personne n'eut pas la moindre idée à quel point son commentaire me ravagea. Oui, j'aspirais secrètement à devenir plus qu'une auteure de recettes de cuisine. J'avais travaillé dur pour ajouter à chaque recette de petites anecdotes informatives: elle les avait toutes éliminées. Il ne m'était même pas venu à l'esprit de mettre en doute son jugement. Après tout, c'était sa spécialité puisqu'elle avait des années d'expérience en édition et se donnait totalement à son travail. J'avais abandonné mon pouvoir à quelqu'un d'autre par manque d'expérience et de confiance en moi.

Quand je passai de la rédaction d'un livre de cuisine à celle d'un livre sur l'autonomie, je pris un immense risque. Durant la rédaction des 200 pages de la première version, je dus faire un effort conscient pour contrer la voix de mon critique intérieur, petite mais néanmoins perçante et persistante, qui me répétait sans cesse: «Tu es une cuisinière, pas une écrivaine, Angie.»

Et voilà que l'escroc s'était mis en mouvement; ce maître du sabotage intérieur jouait des tours à mon mental en chuchotant des paroles de mise en échec à mes oreilles. Quand cela vous arrive, secouez-vous un peu et sachez reconnaître que vous vous êtes joué le tour de croire que vous n'avez pas su apprendre de vos expériences passées. Le rôle de cet escroc est de nous enseigner à devenir plus éclairés, à nous voir comme l'acteur d'une pièce de théâtre que nous avons nous-même créée. Maintenant que vous vous êtes secoué, prenez un peu de recul et riez un bon coup, sans oublier d'éprouver un peu de compassion pour cet ancien vous.

Chaque fois que je repense à l'écrivaine qui s'était cachée dans la cabine téléphonique dans l'intention d'obtenir par ruse l'attention de cet éditeur connu pour qu'il me serve de mentor, je ris de moi-même. Je ressens également une grande tendresse envers mon «ancien moi» si ardent, envers cette femme qui s'était délibérément mise dans une situation grotesque afin d'être remarquée, afin que cette première porte lui soit ouverte. Cet «escroc» n'est donc pas toujours nuisible. Il invente parfois des trucs de prestidigitation qui mettent un peu de magie dans vos rêves, pourvu que le moment soit bien choisi.

Quand les rencontres que vous faites sont négatives et vous donnent l'impression de disparaître, quand vous vous sentez rejeté et que les commentaires des autres sont difficiles à supporter, ne les laissez pas vous désarçonner, mais utilisez-les plutôt pour grandir. N'oubliez pas que vous êtes plus «grand» que ce que vous étiez auparavant et que le saboteur et l'escroc illusionniste ne sont personne d'autre que vous.

## Un nouveau rêve contient sa propre «motivation»

Même s'il subit quelques coups au départ, notre nouveau rêve doit se bâtir un système immunitaire résistant et devenir fort. Mais peut-être n'en portons-nous pas l'entière responsabilité. En effet, certains rêves ressemblent parfois à ces nourrissons et ces enfants un peu spéciaux qui, même lorsque tout semble ligué contre eux, se battent quand même pour vivre et finissent par se développer merveilleusement bien. Dans de telles circonstances, le don que nous recevons est le rôle que nous sommes amenés à jouer dans le rêve qu'est cette vie-là.

Que les rêves nous choisissent réellement ou qu'ils tombent sur nous par hasard, est un phénomène que nous pouvons qualifier de «destinée». J'en suis venue à croire que, par une sorte de magie divine, les rêves évoluent quelque part autour de nous attendant d'entrer en contact avec la *bonne* personne qui saura les mener à terme. Cette croyance ne s'est pas bâtie du jour au lendemain ni de façon aveugle. C'est quelque chose que j'ai compris beaucoup plus de façon graduelle, comme une sorte de «connaissance infuse». Ainsi, je pris conscience que certaines expériences de ma vie relevaient du domaine du synchronisme, expériences qui, ainsi que je le pense actuellement, devaient tout simplement se produire.

Pour quelque raison que ce soit, certains rêves semblaient persister d'eux-mêmes tout simplement, essayant peut-être de «s'incarner» par le biais de ma disposition et de ma capacité à les actualiser. Et peu après, je constatais avec stupéfaction qu'un petit rêve était né et qu'il était en train de grandir, demandant avec vivacité de plus en plus d'attention. Perplexe et un peu impatiente, je m'éveillais tous les matins pour le voir m'asticoter et attirer mon attention à tout instant de la journée. Le moment était venu pour lui de se manifester et il avait trouvé son messager. Il grandit jusqu'au moment où il sut parler et, même s'il s'était débattu avec force pour grandir et s'exprimer, il avait encore besoin de moi pour lui donner un certain encadrement et le nourrir.

Vous vous demandez sans doute pourquoi ou si un rêve vous a déjà choisi. Vous ne le saurez peut-être jamais. Mais vous soupçonnez de plus en plus que c'est le cas, peut-être le réalisez-vous totalement et l'acceptez-vous à un moment donné. Ceci amène une transformation de l'énergie en vous et tout devient alors plus facile.

# SAGESSE 5

## Les données de base, le prix à payer et la gratification

*«Le rêve est court, mais le repentir est long.»*

JOHANN VON SCHILLER

### Il faut comprendre les données de base du rêve

Tout nouveau rêve occasionne en nous de l'insécurité pendant un certain temps à cause des risques que nous avons à prendre et des espoirs que nous nourrissons.

Les tortues qui ont décidé de prendre un risque de lièvre, se sentiront peut-être rassurées de savoir que, même dans le risque, il peut encore y avoir de la stabilité, surtout lorsqu'on connaît et qu'on comprend les données de base. Ces données sont des éléments sur lesquels vous *pouvez* compter et qui, une fois que vous les avez acceptées, rendent la réalisation du rêve moins pénible. Quand vous planifiez un rêve, vous devez également prévoir une «marge de manœuvre» pour les nouvelles données qui arriveront immanquablement dans le plan.

### Il est important que vous sachiez ce qui suit:

*Vous ferez des erreurs.* C'est une erreur de s'attendre tout le temps à la perfection ou à une attention surhumaine de votre part. Dans toute concrétisation de rêve, les erreurs font naturellement partie de la croissance. Vous vous attendrez peut-être à ce que votre rêve se déroule suivant une séquence logique, une étape après l'autre. Ceci arrive rarement. À mesure que nous corrigeons nos erreurs, notre plan suit souvent une trajectoire zigzagante d'avance et de recul, ressemblant par ce mouvement à certains jeux de notre enfance comme «Jacques dit». Permettez-vous de faire des erreurs. Et, surtout, remplacez le terme «erreur» par celui d'«expérience»; vous serez nettement moins frustré.

87

*Vous aurez des contretemps.* Malgré tous vos efforts, vous pouvez vous attendre à des contretemps sans que vous ayez pu les prévoir, contretemps qui n'auront rien à voir ni avec vous ni avec votre rêve. Ma première maison d'édition fut placée sous syndic de faillite juste au moment où mon livre sur les muffins, nouvellement paru, accusait des ventes qui dépassaient tous mes espoirs.

*Vous aurez de belles surprises inattendues.* Bien que les contretemps et les erreurs constituent une série de surprises inattendues, pas toujours agréables cependant, vous pourrez aussi compter sur des moments de «grâce», sur des moments où des choses fantastiques se présenteront sur votre chemin. Ces surprises influeront de façon positive sur votre rêve. Que vous considériez l'arrivée de ces surprises comme l'œuvre du hasard, du timing, d'une observation divine ou de la chance, attendez-vous à ce que celles-ci viennent délicieusement soutenir votre rêve juste au moment, le plus souvent, où vous avez sérieusement besoin d'un bon coup de pouce.

*Votre rêve aura des conséquences négatives aussi bien que positives.* Essayez d'évaluer au préalable les conséquences de votre rêve en tenant compte des erreurs, des contretemps et des surprises possibles. L'expérience est le meilleur des maîtres pour connaître ces conséquences. Mais, le plus important est d'être disposé à en prendre la responsabilité. Notre tête peut comprendre sans aucun problème les sacrifices que nous pensons être prêts à vouloir faire, mais les vivre concrètement est une chose beaucoup plus difficile. Il faut accorder un temps de réflexion à cette notion de souffrance et de sacrifice personnel. Il ne faut pas, comme certains le font, la considérer comme une donnée de base nécessaire et inévitable. En effet, cette notion de souffrance et de sacrifice n'est pas *toujours* le pendant de l'accomplissement d'un rêve. Le moment est peut-être bien choisi — quand vous essayez d'évaluer objectivement le prix à payer — d'aller parler à des gens qui sont déjà passés par là.

Nous pensons ne pas avoir besoin d'aide pour visualiser la gratification qui vient avec le rêve, et pourtant rien n'est moins erroné. En effet, nous avons souvent tendance à idéaliser le rêve et à en amplifier la gratification. Il faut avoir une idée bien claire de ce que nous imaginons être la gratification.

Y trouverons-nous une satisfaction intangible et intérieure? Le but que nous voulons atteindre se traduira-t-il par une gratification matérielle ou concrète? Ou bien s'agira-t-il d'une combinaison des deux? Mon expérience, ainsi que celles d'autres gens qui vivent leurs rêves, m'a appris que, à long terme, il est toujours plus satisfaisant de vouloir une combinaison des deux. L'évaluation préalable de la gratification fait également partie de la planification.

*Il faut faire de la «place» dans votre vie pour réaliser le rêve.* La promesse faite et l'engagement pris face au rêve comprennent aussi un facteur très peu compris la plupart du temps: l'immense «place» qu'il faut d'abord faire dans notre vie pour réaliser un rêve.

Imaginez que votre vie soit un ballon, déjà bien rempli d'activités et de gens. Si vous y ajoutez autre chose, il faudra qu'il se gonfle encore plus pour accommoder le nouveau venu. Ceci pourra fonctionner pendant un bout de temps car nous sommes tous malléables jusqu'à un certain point. Mais si vous en ajoutez trop, les parois du ballon se tendent. Il vous faut alors laisser sortir un peu de son contenu. Et vous découvrirez sans doute que, afin d'avoir suffisamment d'énergie et de temps à accorder à un nouveau rêve, vous avez, sans y prendre garde, écarté quelque chose (ou quelqu'un) de votre vie. Les amitiés se sont effritées, les loisirs sont passés dans l'oubli et les enfants ne vous ont vu que trop rarement.

D'autres, plutôt que de chercher à ajuster les choses et à en mettre certaines de côté, essaient de composer avec la pression additionnelle qu'exerce sur eux l'ajout d'un nouvel élément à leur vie, et ce, au détriment de leur santé et de leur énergie. Imaginez ce qui peut se passer si on essaie malgré tout de déployer l'énergie supplémentaire qu'exige un rêve. Tandis que vous essaierez de poursuivre vos relations et vos activités comme vous le faisiez avant l'apparition du rêve, vous sentirez peut-être que vous êtes tendu à l'extrême, comme un ballon trop gonflé, et que votre corps vous lance de sérieux signaux d'alarme. Les malaises que vous ressentez sont autant de symptômes de ce déséquilibre.

Peu importe que votre rêve se traduise par l'apparition d'un nombre accru de gens, de choses ou d'idées dans votre vie, ne perdez pas de vue qu'il vous faudra éliminer quelque chose d'autre.

*Vous vous retrouverez probablement avec un rêve quelque peu différent de celui avec lequel vous avez commencé.* Ceci ne veut cependant pas dire que ce qui avait commencé par un rêve se terminera par un compromis décevant. Si c'est par contre ce qui vous arrive, vous avez probablement besoin de redéfinir votre rêve ou de le mettre de côté pour pouvoir en accueillir un nouveau. Étant donné que vivre un rêve c'est comme entreprendre une pérégrination, il est fort probable que votre rêve et vous aboutissiez ailleurs que là où vous l'aviez prévu au début.

J'ai pris un grand plaisir à rédiger et publier des livres de cuisine, mais en faire la promotion a compté pour la moitié de ce plaisir. Mon ambition première avait été d'animer mes propres émissions de cuisine à la télévision. Je ne me lassais jamais de regarder les chefs célèbres, appréciant particulièrement la façon dont ils divertissaient et initiaient leur audience. Plus tard, le fait d'avoir pris part à des démonstrations culinaires sur scène dans le cadre de salons spécialisés m'a fait réaliser la somme incroyable d'énergie de «type tortue» qu'exigeait ne serait-ce que la présentation d'une courte émission. Et répéter semaine après semaine ce genre de préparation me semblait être un travail excessivement laborieux.

*Votre rêve vous transforme en même temps qu'il change.* Au fur et à mesure que des gens et des événements apparaissent dans votre rêve et que vous vous adaptez aux exigences et aux défis qu'il présente, vous ne serez pas surpris de constater que ce que vous pensiez vouloir au début a changé. Et une fois que le rêve est finalement réalisé, vous aurez abouti sur quelque chose de différent.

## Le plan du jeu et le rêve

*Le prix à payer et la gratification dépendent de votre habilité à jouer le jeu.*

Lorsque nous jouons à un jeu, nous devons nous efforcer d'en comprendre les règles et avoir une idée claire de ses objectifs. Le truc, c'est de mettre au point une excellente stratégie et de comprendre non seulement vos partenaires de jeu mais aussi leurs plans. Apprendre à jouer le jeu est une leçon en soi.

En ce qui me concerne, si je veux réaliser mon rêve de devenir une auteure publiée, je dois être prête à jouer le jeu. Les plans et les tactiques que je trouve constituent ce que j'appelle mon plan de jeu. Dans mon cas, cela veut dire que je dois connaître certains détails au sujet de l'industrie de l'édition: ce que les maisons d'édition cherchent chez les auteurs, quelles sont les politiques éditoriales et quels sont les usages en ce qui concerne le lancement et la vente des livres. Pour réussir dans ce que je fais, je dois également comprendre que, comme auteure, je dois continuellement alimenter les maisons d'édition et mener de front et avec entrain plusieurs projets. Je dois aussi m'estimer chanceuse chaque fois que l'on m'invite à présenter un projet de livre.

## Soyez prêt à jouer le jeu

Il arrive que certaines personnes réalisent leur rêve sans jouer en toute connaissance de cause quelque jeu que ce soit et sans accorder d'intérêt ni la moindre pensée aux jeux, aux stratégies ou aux motivations cachées. Mais il nous est peut-être possible de réaliser nos rêves plus facilement et avec une envergure plus totale si nous comprenons bien le «jeu» que nous devons jouer.

Ici, le terme «jeu» est utilisé dans son sens le plus large, sans connotation de manipulation, pas au détriment des autres ni de soi et dans un esprit de divertissement et de collaboration.

Si vous connaissez le jeu et que vous êtes disposé à devenir un joueur, vous avez tous les avantages, même s'il vous arrive de faire des gaffes. Connaître ceux qui tirent les ficelles et en savoir assez pour pouvoir éventuellement se retirer du jeu si la chose devient nécessaire, voilà deux aspects du jeu qu'il est important de cultiver.

Tout cela revient à dire que, tandis que vous apprenez en quoi consiste le plan du jeu de votre rêve, vous apprenez aussi à rester totalement intègre face à votre rêve. Si, par exemple, vous aimez l'idée de votre rêve mais que vous n'aimez pas ce que vous croyez avoir besoin de faire pour le réaliser, alors c'est que vous avez choisi le mauvais rêve ou la mauvaise stratégie. Le meilleur des baromètres pour savoir si vous êtes sur la bonne piste est de vérifier si vous vous sentez honnête avec votre plan et votre rêve.

Il faut du temps et de la patience pour développer les aptitudes qui vous permettront de concrétiser un rêve. Nous devons tous passer par là. Il faut profondément désirer le rêve pour être capable de surmonter les contretemps et les déceptions. Je pense personnellement que la moitié des contretemps, nous les créons nous-même parce que nous ne comprenons pas complètement comment la stratégie fonctionne par rapport au rêve. Une fois que vous l'aurez parfaitement compris, les résultats surviendront avec des efforts moindres puisqu'il y aura moins d'obstacles entre vos objectifs et vous.

## Il est essentiel de savoir quel personnage vous voulez projeter

Mon amie Janice pourrait vendre des cubes de glace à un ours blanc. Ses aptitudes forts variées font d'elle une personne très polyvalente. Elle est très créative, dotée d'un grand sens des affaires et sait également lire entre les lignes pour déchiffrer les toquades et les besoins de ses clients. L'entreprise pour laquelle elle travaille a su reconnaître à juste titre ses multiples talents puisqu'un des principaux cadres a pris le temps de lui faire connaître en détail la façon dont l'entreprise fonctionne. De son côté, mon amie s'attaque à sa carrière avec un grand zèle et une dévotion totale, espérant qu'à un moment donné elle récoltera les fruits de son labeur sous la forme d'une promotion bien méritée.

Mais pour comprendre l'histoire de Janice à fond, il faut connaître plusieurs détails importants à son sujet, qui semblent indiquer une impression croissante de malaise chez elle. Janice sait très bien jouer le jeu, mais elle ne l'aime pas toujours. Son lièvre intérieur aime la liberté et la polyvalence propres au domaine des ventes, mais elle sent que son rôle est somme toute trop limitatif. Janice fait tout ce qu'elle peut pour décrocher un poste de cadre supérieur, mais elle ne veut pas se servir des méthodes conservatrices très «tortue» que la plupart de ses supérieurs ont adoptées. Le mentor de Janice laissera bien sortir son côté lièvre de temps en temps dans la conversation, mais, que ce soit par l'habillement ou le comportement, il projette une très forte image de cadre «tortue» très laborieux.

Et, lorsque sa tortue prend un risque de lièvre, il s'assure que le risque est couvert par un plan très bien pensé. Mais chose encore plus significative, c'est que même si Janice prend plaisir à son travail et au jeu, elle repense avec nostalgie à l'époque où elle était étudiante, pratiquait le yoga, portait des bottes de cow-boy, mangeait de façon plus saine et était moins à la course.

«Je travaillais tout aussi dur, je pense, mais à cette époque je me sentais plus moi», me confia-t-elle.

## Quand vous résistez au plan du jeu

Il ne fait aucun doute que mon amie avait su se conformer aux attentes de l'entreprise qui l'employait. De l'avis général, elle aimait à peu près tous les aspects de son travail, avait l'air d'une professionnelle accomplie dans son domaine, et agissait comme telle, si ce n'est à un détail près. Janice adorait les bijoux, surtout ceux en argent et ornés de pierres. Il lui plaisait de porter toute une collection de bagues, sa préférée étant une bague ornée d'une énorme malachite qu'elle portait au majeur de façon voyante. Et malgré les occasionnelles remarques qu'on lui faisait dans la salle de conférence, elle s'obstinait à porter ses bagues, comme si elles étaient le symbole de la partie créative en elle qui était auparavant dénuée de toute stratégie.

«Ces bagues représentent ce que je suis réellement et les retirer me donnerait l'impression de perdre une partie essentielle de moi-même. »

Par la suite, Janice admit que sa résistance traduisait le besoin de repenser à son rêve. Peut-être avait-elle dépassé ses anciennes aspirations et était-elle prête à envisager un nouveau plan qui lui permettrait d'exprimer beaucoup plus sa créativité.

Ce que je reconnus chez mon amie, ce fut le combat intérieur que je livrais autrefois contre ce que je considère maintenant avoir été une énergie rebelle de type lièvre, qui faisait surface dans les circonstances les plus inattendues, surtout au moment où je m'efforçais de jouer à la tortue.

Quand votre rêve en est encore à la phase «adolescence» et que vous vous démenez pour le réaliser, il peut vous arriver assez souvent de ressentir des sentiments de rébellion. Les adolescents sont des lièvres qui apprennent à composer avec la discipline et les responsabilités. Ils ont un puissant besoin de vivre leur vie comme ils l'entendent. Ils ont peur que, s'ils jouent le jeu en fonction des règles «de la maison», ils perdront l'indépendance qu'ils ont acquise alors qu'ils se battaient pour trouver leur identité.

Les entreprises et les établissements d'enseignement déclenchent tous deux en nous les vieux scénarios de conflits parents-adolescent. Dans le monde universitaire, l'adoption d'une attitude rebelle est devenue une chose acceptable, si ce n'est louable. Dans le monde des affaires, c'est rarement le cas. Quand votre gamin intérieur ne vous permet pas d'observer les règles du jeu en tout temps, votre besoin de liberté fait surface dans votre vie privée. C'est dans cet aspect de votre vie que vous pouvez rétablir l'équilibre si les exigences très «tortue» de votre emploi sont devenues trop contraignantes.

Si vous laissez votre rebelle de lièvre faire surface trop souvent ou de façon inappropriée au travail, cela sera plutôt improductif pour le rêve. Il en va de même si votre tortue devient trop rigide dans son acharnement, si votre parcours devient pénible et difficile. Peut-être serait-il plus sage de prendre une pause sous un arbre afin de revoir la stratégie et le plan.

## Si le jeu vous met en colère, c'est qu'un vieux problème refait surface

Si vous avez compris les règles du jeu, que vous l'ayez même appris, que vous désiriez réaliser le rêve mais que le jeu vous mette en colère, alors vous devrez mûrement considérer ce que le jeu déclenche en vous. Les joueurs ne sont sans doute pas les mêmes, mais la salle destinée aux repas au bureau avive peut-être en vous le souvenir de la cour de l'école primaire. Essayer de vous faire entendre de vos collègues dans la salle de conférence vous rappelle peut-être la table de cuisine autour de laquelle vous vous débattiez pour qu'on vous écoute au même titre que vos frères. Votre famille est à l'origine des premières règles du jeu que vous avez apprises. Les problèmes irrésolus de cette époque vous maintiennent parfois dans des comportements propres à la phase rebelle de l'adolescence.

Voici quelques exemples de comportements qui sauront vous indiquer que vous êtes encore aux prises avec des vieux jeux d'enfance.

- L'opinion ou l'approbation de votre mentor compte beaucoup pour vous.
- Vous vous retrouvez invariablement en rapport de force avec le même genre de personne.
- Vous trouvez que vous êtes constamment en train de vous justifier.
- Au bureau, vous vous êtes établi une réputation qui commence à vous agacer: l'assistante sociale, le clown, la fourmi laborieuse.

## Continuez de vous amuser plus vous découvrez votre rêve

J'ai grandi dans l'arrière-boutique d'un magasin de détail et appris auprès de ma mère l'art de la vente à un âge précoce. Je savais bien m'y prendre mais je détestais un grand nombre de ses règles. Après avoir fini mes études universitaires, je travaillai pendant de brèves périodes dans de nombreuses entreprises offrant des programmes de formation. J'en vins à réaliser que le monde des affaires avait ses propres jeux, mais que je n'en aimais pas les règles. D'une façon ou d'une autre, ce sentiment dut transparaître quelque part car aucune des entreprises ne retint ma candidature pour un poste de gestion.

Puis, quelques années plus tard, ma mère décida de prendre sa retraite. David et moi lui achetâmes son magasin de nouveautés et de jouets, et nous emménageâmes dans la ville de mon enfance. Et je me retrouvai à nouveau dans le monde du commerce de détail. Mon sens des responsabilités n'avait pas changé, mais maintenant je me faisais plaisir: je faisais de la broderie derrière le comptoir, j'invitais les clients devenus des amis à boire le thé dans l'arrière-boutique et je regardais la télévision pendant les longues journées d'hiver. Ceci me convint pendant un certain temps, jusqu'au moment où je découvris que ce style de vie n'était pas ce dont j'avais rêvé. Et je revendis le magasin à ma mère.

Puis, j'eus des enfants et je fis de l'écriture mon métier. J'appréciais beaucoup la liberté que l'écriture m'apportait sur le plan créatif et j'adorais me sentir partie intégrante du monde de l'édition. Je croyais que je pouvais donner n'importe quelle impression: je découvris rapidement que le monde de l'édition avait son plan de jeu et ses attentes uniques bien à lui. Je fis des erreurs de jugement et il me fallut un certain temps avant de réussir à harmoniser «l'image» de l'écrivaine, mon style d'écriture et la maison d'édition intéressée. Mais j'aimais tellement le jeu que j'étais déterminée à bien le jouer.

Quand j'eus 40 ans, la famille entière prit un immense risque en changeant totalement de style de vie. Nous emménageâmes dans une maison en rondins artisanale construite sur une terre située à Muskoka, en Ontario au Canada. David laissait derrière lui des années de longs trajets journaliers entre la maison et son lieu de travail à Toronto. Notre rêve comprenait désormais une retraite où je pourrais me consacrer à l'écriture, un milieu de travail moins stressant pour David et la proximité de l'eau.

Pendant que nous nous acclimations à ce nouveau style de vie, nous achetâmes un bateau, des skis de fond, divers outils et accessoires propres à la campagne. À tout cela vinrent s'ajouter le grand jardin potager et quelques poules. Pour David, la première année fut tout simplement une période remplie d'une multitude de gestes quotidiens et concrets qui constituèrent pour lui une année sabbatique bien méritée ainsi qu'une occasion de se régénérer sur plusieurs plans. L'année suivante, même si les travaux d'entretien estivaux ne manquèrent pas, le travail se fit rare en hiver. Une récession économique venait de frapper le pays et les familles faisaient du mieux qu'elles pouvaient pour se tirer d'affaire.

Nous étions arrivés à une croisée de chemins et nous ressentîmes le grand besoin de regarder de plus près les illusions que nous avions apportées avec nous à Muskoka, ainsi que la réalité telle qu'elle était. Nous prîmes conscience que si nous voulions rester dans le coin, je devrais apporter une contribution financière nettement plus substantielle à la famille. J'avais rédigé quelques mois plus tôt un texte dans lequel je parlais des «données» de base, et voilà que je me trouvais confrontée à plusieurs d'entre elles.

*En fin de compte, vous vous retrouverez probablement avec un rêve quelque peu différent de celui avec lequel vous avez commencé.*

Cette donnée de base se vérifia puisque je décidai de louer un minuscule local pour mettre sur pied *Angelika & Co.*, une boutique de nouveautés et de livres axés sur la croissance personnelle. Parce que je voulais contribuer financièrement à notre rêve commun, je revins une fois de plus à mes origines mercantiles. L'année de mes 44 ans, je choisis donc pour la première fois de me servir de mon prénom, Angelika, pour créer une affaire qui saurait exprimer les choses que j'aimais: les livres, la musique, les objets provenant de cultures diverses, l'art symbolique et les bijoux. Et le commerce fonctionna très bien. Et même si je n'avais pas prévu devenir commerçante dans mon rêve, *Angelika & Co.* venait, sans l'ombre d'un doute, combler un besoin. Depuis, la boutique s'est transformée et a pris de l'expansion dans le domaine de la croissance personnelle puisqu'elle offre des ateliers et des services-conseils. J'écris toujours et je grandis encore avec le rêve.

## Les joueurs chevronnés savent bien que le jeu ne finit jamais

Voici ce que je retirai de tout cela: il n'y a rien qui puisse exister sans règles, leçons, ni compromis. Aucun jeu, aucun rêve ne vous donnera jamais une liberté totale. Une fois que vous avez choisi un rêve et que vous avez compris le jeu qui lui est intrinsèque, vous vous rapprochez des résultats et de la gratification. Le plan du jeu vous convient-il?

Quand vous acceptez le plan du jeu, vous acceptez également les règles que vous devrez nécessairement appliquer afin de réaliser le rêve. Et si vous entrez dans le jeu en toute conscience et avec de bonnes intentions, et que vous le jouez bien, vous ne perdrez rien de votre identité ni de votre intégrité. Vous faites effectivement ce que vous vouliez faire.

L'image que vous créez de vous, votre personnage, émerge et se renforce à mesure que vous prenez de l'expérience dans le jeu. Et une fois que le personnage est bien rodé, votre lièvre peut se permettre d'enfreindre les règles quelque peu. De cette façon, il ne causera aucun tort au rêve. En fin de compte, vous serez parvenu à un certain discernement et un certain niveau de maîtrise. Et vous pourrez poursuivre votre évolution de rêveur et de planificateur.

## SAGESSE 6

# L'importance de la discipline dans un rêve

*«Vous êtes responsable de vos rêves.»*

WILLIAM BUTLER YEATS

### Un nouveau sens pour un vieux mot

En faisant mes armes, j'appris que les tortues savaient très bien faire preuve d'autodiscipline et que les lièvres savaient comment exercer leur liberté. J'appris aussi d'expérience qu'au moment où les tortues et les lièvres sont frustrés, ils savent très bien utiliser la discipline. Pendant la majeure partie de ma vie, je considérais la discipline comme quelque chose de négatif que vous imposez aux autres ou à vous-même. J'associais ce mot à des termes tels que ordre, contrôle, pouvoir, punition, pratique, entraînement et obéissance.

Le résultat fut que je passai ma vie à réagir à des questions tournant autour du contrôle et du pouvoir, sous une forme ou une autre. Et les relations furent pour moi le principal catalyseur qui me permit de travailler à fond ce problème. J'appris beaucoup quant à la façon d'équilibrer mes énergies masculine et féminine; des données fondamentales que j'ignorais.

Quand je devins mère, la vie se compliqua encore plus et je dus faire face à ma propre confusion concernant la liberté individuelle et la discipline. J'aspirais continuellement à la liberté mais je n'arrivais jamais tout à fait à en jouir car mon conditionnement face à la discipline m'empêchait fortement de saisir cette liberté à bras-le-corps. Déterminée à comprendre ce problème ainsi que mes attitudes, je participai à de nombreux séminaires et groupes de croissance. Les conditionnements de l'enfance reliés aux «je dois et je devrais» et mes désirs réprimés depuis longtemps refirent surface.

Ce fut seulement lorsque je pris part à une conférence sur la créativité et le renouveau que je pris connaissance d'une vision totalement nouvelle. Au cours de cette conférence, j'appris auprès d'un vieil hibou d'enseignante fort sage, l'étymologie du terme «discipline»: disciple. Ce que cette femme m'expliqua m'amena à une nouvelle et merveilleuse compréhension de ce que la discipline pouvait signifier pour un rêve. Pendant qu'elle me parlait, je sentis à quel point elle aimait le mot discipline et à quel point elle lui faisait honneur. Ce qu'elle me transmit ce jour-là, me transforma: non pas que la discipline apparut du jour au lendemain chez moi, mais naquit en moi le *désir* de la discipline.

Même si je ne souviens pas mot pour mot de ce qu'elle me dit à ce moment-là, je résumerais l'essentiel de son message comme suit. Être le «disciple» de quelque chose que vous aimez signifie que, pour apprendre ou obtenir ce que vous désirez, vous avez non seulement besoin de discipline, mais vous devez également le *vouloir*, pour votre corps, votre esprit et votre âme. Vous permettez au travail, à l'art, à la personne, aux études ou au sport de vous enseigner ou de vous *discipliner*. Il faut du dévouement et une attention soutenue pendant cette période d'apprentissage. Si vous aimez ce que vous apprenez et faites, et que vous le faites avec régularité et effort constants, vous avez acquis de la discipline, dans le meilleur sens du terme. Une fois la discipline acquise, vous pouvez anticiper avec plaisir chaque phase de croissance tout en vous efforçant de vous améliorer sans cesse ou d'exceller dans ce que vous avez choisi.

## Il ne faut pas prendre la discipline pour acquise

La discipline est beaucoup plus qu'une routine fixe. Afin de durer, elle doit être alimentée par le véritable désir. C'est-à-dire qu'il faut vouloir apprendre la discipline et les gratifications qu'elle comporte. Et c'est seulement une fois que nous le voulons, que nous pouvons délibérément nous appliquer à la développer. Puis, une fois que nous y sommes parvenus, nous devons évaluer ce que nous en retirons et ne pas nous endormir sur nos lauriers. La discipline peut se perdre beaucoup plus rapidement que ce qu'il nous a fallu comme temps et efforts pour l'acquérir.

J'ai eu de bonnes intentions au sujet d'un grand nombre de choses, mais je les ai souvent mises en sourdine, sauf si elles étaient urgentes: entreprendre un régime amaigrissant, faire de l'exercice, nettoyer les placards et une myriade d'autres objectifs. Mais, j'appris pour la première fois comment intégrer la discipline dans ma vie grâce aux soins maternels que je dus procurer à mes enfants.

En effet, lorsque notre fils vint au monde, je compris très vite que cet enfant impuissant dépendait dorénavant totalement de mes soins et qu'il valait mieux que j'établisse une routine face à ses besoins. Je me plongeai donc avec élan dans la discipline quotidienne en me consacrant à notre premier enfant. C'était tout à fait épuisant et ennuyeux certains jours. Cependant, cette période se révéla une des plus productives de ma vie.

## Une discipline en amène une autre

Étant donné que, pour le bien de mes enfants, je m'étais donné une discipline, j'étais devenue très bien organisée dans le domaine domestique. Ceci me permit d'avoir un certain temps libre pour envisager d'entreprendre quelque chose d'autre. Comme je ne tenais plus en place, je me mis à écrire. C'est ainsi que s'édifièrent les fondations de mon premier livre *Mad about Muffins*.

J'établis une routine qui me permit de tester quatre ou cinq recettes de muffins chaque matin au cours d'une période de plusieurs mois. Grandement motivée par le désir de publier un livre unique en son genre, j'enfournai 4 000 muffins et je finis par rédiger deux livres de cuisine. La discipline que mon conjoint avait acquise grâce à ses premiers contrats de distribution de quotidiens et de tonte de gazon m'avait échappée jusqu'à ce moment-là.

Le fait d'avoir eu des enfants m'avait poussée à établir la structure créative et flexible dont j'avais besoin. Je découvris que ce genre de vie me permettait d'accomplir beaucoup plus que ce que je n'avais pu acquérir à travailler dans une entreprise. Quand notre deuxième enfant entra à l'école primaire, je me réjouis à l'idée de pouvoir disposer à nouveau de temps libre et non structuré. Je pourrais juste flâner ou utiliser mon temps comme bon me semblerait. Mais, comme j'étais un lièvre à 100 % («Chassez le naturel, il revient au galop», dit le proverbe), il ne me fallut pas longtemps pour perdre la précieuse discipline que j'avais acquise.

## Comment retrouver la discipline perdue

Ce qui est intéressant quand vous perdez la discipline, c'est que, même si vous savez l'avoir eue et si vous pouvez décrire dans les moindres détails la routine de vos anciennes journées structurées par la discipline, il vous semble maintenant devenu impossible de la retrouver. Il en va de même pour un régime alimentaire strict: vous l'entamez chaque jour avec la meilleure des intentions et vous perdez toute motivation d'ici le milieu de l'après-midi.

Il existe une technique très utile pour rétablir un certain sens de la discipline dans votre vie: le premier pas à faire est de choisir un ou deux domaines de votre vie dans lequel vous désirez développer la discipline. Si vous n'en trouvez qu'un, cela suffira tout de même. Après avoir choisi, alimentez le désir et passez à l'action.

Si vous n'arrivez pas à trouver quelque chose que vous vous voyez faire avec assiduité, la meilleure solution est d'entreprendre une forme d'exercice physique que vous aimez. Des disciplines comme le taï-chi et le yoga représentent un entraînement physique quotidien excellent parce qu'ils allient discipline du corps et de l'esprit. Ces méthodes comprennent un élément méditatif qui aident à calmer et à centrer le corps aussi bien que l'esprit.

Ce genre de discipline s'adresse particulièrement aux lièvres qui sont constamment en mouvement et qui ont besoin de trouver le calme intérieur. En effet, certains lièvres ne réussissent pas à calmer leur mental en pratiquant des méditations comme la méditation transcendantale. Et d'autres, pris d'agitation quand ils font des exercices méditatifs lents, ont absolument besoin de mouvements beaucoup plus vigoureux. La marche rapide est probablement l'idéal pour eux.

Les tortues qui ont besoin de faire circuler leur énergie pourraient envisager des activités comme le tennis, la natation, l'aérobic modéré. Ceci leur permettrait d'énergiser davantage le rythme de leur mental et de leur corps. Les tortues ont donc besoin d'exercice physique stimulant. Cependant, tout ceci est une question de choix personnel.

## Il faut se donner de petits objectifs réalistes

Que vous cherchiez à retrouver la discipline que vous avez perdue ou que vous en soyez à vos premières armes dans ce domaine, essayez de vous donner de petits objectifs réalistes. En commençant par une simple période de 10 minutes par jour que vous consacrez à une discipline, vous pourrez plus tard entreprendre une discipline plus astreignante. Les lièvres trouveront cela difficile, en particulier ceux qui veulent foncer et en faire beaucoup d'emblée.

Mon désir d'écrire tous les jours constitue justement «un domaine» dans lequel j'espère bien amorcer une pratique quotidienne de l'écriture. Si je ne peux me contraindre à la discipline d'écrire 10 minutes par jour, comment puis-je prétendre atteindre un objectif final de deux heures, qu'il pleuve ou qu'il fasse beau. Je dois édifier, ainsi qu'un auteur l'a dit, la «lente discipline de l'art», minute après minute, jour après jour, jusqu'à ce que j'atteigne un niveau d'écriture qui produira des résultats probants.

Quand on commence, en se donnant un peu de peine, on y arrive toujours. Ceci ressemble tout à fait à la «tortue»! Ce 10 minutes ne semble pas être grand-chose. Il est rien et il est tout à la fois, surtout *si* vous pouvez persister et vous en servir pour aller plus loin.

*Bâtissez la discipline à l'aide du premier petit objectif du rêve. Si vous n'y arrivez pas, vos plans et vos rêves ne rimeront à rien.*

J'appris que la meilleure façon pour commencer à acquérir une discipline, surtout quand vous sentez que vous en êtes complètement démuni, est d'utiliser le corps. C'est une des premières façons de constater le résultat de la discipline: une sensation de bien-être.

Lorsqu'on a l'esprit confus ou ailleurs, il est beaucoup plus difficile de se concentrer et de se discipliner. Par contre, le corps, lui, sera beaucoup plus disposé à se plier à la discipline. Mais, que la discipline s'applique au corps, au mental ou à l'esprit, l'équilibre est la clé essentielle.

Certains lièvres et tortues ambitieux évoluant dans le monde des affaires ou des organismes publics accomplissent une grande partie de leurs activités par soubresauts d'énergie. Ils rentrent à la maison épuisés pour repartir de plus belle ou se détendre, mais de façon malsaine. Cette énergie nerveuse ou cet épuisement les pousse peut-être à trop manger, à fumer ou à boire. Ces gens-là ont très bien su développer leur intellect, mais ils ne sont plus en contact avec leur corps. Comme mon amie Denise le dit: «Certains d'entre nous ne sont que des esprits de lièvre dans de grands corps de tortue.»

Certains de ces lièvres et tortues font quotidiennement de l'exercice et ils en sont fiers. Ils font de la course à pied ou jouent au squash, et ce, avant sept heures du matin. Pourtant, c'est probablement leur compulsion à trop faire qui les motive et il n'y trouve pas de tranquillité d'esprit. Ces personnes développent effectivement leurs corps, mais elles le font sans être intérieurement en contact avec elles-mêmes.

Notre premier objectif est donc de trouver l'équilibre entre notre besoin de s'occuper de notre corps et les besoins exprimés par notre âme. Si nous n'y arrivons pas, notre corps en pâtira et connaîtra des maladies liées au stress. Si d'une part, le mental exige beaucoup de notre corps, d'autre part, donner une forme de discipline au corps, l'oxygéner et le faire bouger vivifiera et clarifiera notre mental. Une fois que le corps et l'esprit ont acquis bien-être et clarté, et que nous nous défaisons de nos dépendances et de nos comportements saboteurs, nous pouvons exercer notre discipline dans d'autres domaines.

À un moment donné, j'étais déterminée à me discipliner dans deux domaines de ma vie: le taï-chi (corps) et l'écriture (intellect). Après avoir appris la méthode brève de taï-chi au centre des loisirs de ma localité, j'annonçai fièrement à mon professeur que, depuis deux semaines, j'avais pratiqué deux fois tous les jours cet exercice, à raison de dix minutes chaque fois, ainsi qu'il l'avait suggéré.

«Vous m'en reparlerez dans deux mois», répliqua-t-il. «À ce moment-là, nous pourrons appeler ça un début de discipline. Faites votre taï-chi tous les jours, peu importe comment vous vous sentez, peu importent le jour et vos projets, et voyez un peu si vous ne vous sentez pas bien d'avoir enfin discipliné votre corps.»

## Il faut maintenir deux constantes: l'heure et l'endroit

Quand on s'astreint à une discipline corporelle comme le taï-chi, toujours à la même heure de la journée et toujours dans le même endroit calme, on programme inconsciemment notre corps à désirer une telle discipline, comme il désire un verre d'eau le matin. Il s'habitue à l'exercice et au rythme quotidiens d'un rituel automatique qu'il répète jour après jour relativement facilement.

Ceci vaut pour toute autre discipline à adopter pour réaliser votre rêve. Prendre l'habitude d'aller à la bibliothèque pour étudier et réserver l'atelier et le samedi matin au travail du verre soufflé sont autant d'éléments qui contribuent à vous satisfaire d'avoir une discipline.

Malgré tout ce que je sais et tout ce que j'ai déjà mis en pratique, je dois encore constamment me faire violence pour maintenir une discipline physique dans ma vie. Et le taï-chi ne fait toujours pas partie de mon entraînement physique quotidien. Parfois le désir me prend, le lièvre que je suis donne une poussée d'énergie, puis je flanche. J'essaie alors de faire preuve d'indulgence à mon égard. Après tout, si j'ai passé la première moitié de ma vie à me rebeller contre la discipline, ne pourrais-je pas passer la seconde à l'envisager sous tous ses aspects et la faire mienne?

# SAGESSE 7

# Intégrez le rêve au quotidien

*«Quand les plans sont tirés d'avance, il est surprenant de constater à quel point ils concordent souvent avec les circonstances.»*

SIR WILLIAM OSLER

## «Un rêve n'est pas vraiment un rêve s'il se réalise d'ici vendredi»

Cette expression a été lancée par David, l'entrepreneur en construction, qui a déclenché l'épisode du mur des souhaits. Et elle est vraie. À moins de gagner à la loterie, peu de rêves se réalisent du jour au lendemain. La bonne fortune peut vous sourire soudainement: un héritage inattendu vous arriver ou votre livre paraître sur la liste des best-sellers. Mais cette chance, qu'elle arrive par surprise ou après une longue attente, doit cependant toujours être considérée dans le cadre global de votre vie ou de votre rêve. Un rêve qui se concrétise du jour au

105

lendemain n'est souvent que la manifestation partielle d'un rêve. Il faudra encore revenir sur les aspirations qui lui sont sous-jacentes.

Pour qu'un rêve se concrétise, il faut du temps et de la patience. Et pour sentir que l'on avance sans cesse, il faut intégrer le rêve au quotidien. Cela ne sert à rien de chérir un rêve si on n'a pas en tête de passer concrètement à l'action dans le quotidien. Car ce n'est alors pas un rêve mais un fantasme.

## Quand des obstacles s'interposent

Lorsque vous essayez de faire coïncider votre rêve avec la réalité, des obstacles peuvent soudain surgir.

J'avais prévu écrire ce livre au cours de l'hiver qui vient de passer pour me donner ainsi le temps de jouir de cet été. Alors, comment se fait-il que je sois en train d'écrire au cours de cette merveilleuse journée de juillet au lieu d'être allongée sur le quai et de déguster des fruits? En janvier dernier, la vie s'en mêla en jetant sur ma route un obstacle de taille. Mais comme les obstacles sont souvent nos plus précieux enseignants, celui-ci me fait maintenant comprendre à quel point j'avais besoin d'un hiver d'introspection pour me guider vers le rêve que je commence actuellement à réaliser.

Les obstacles se présentent souvent dans un rêve quand ce dernier prend ses «propres initiatives». Il veut peut-être vous amener quelque part, au sens propre, qui ne figurait pas dans votre plan d'origine. C'est ce qui s'est passé dans ma vie avec l'ouverture tout à fait imprévue d'*Angelika & Co.*. L'absolue nécessité ou les circonstances modifieront soudainement la direction de votre rêve. Ou peut-être aimerez-vous considérer que tel événement est l'écho de votre «enfant rêveur» ou de votre intuition la plus profonde. Vous avez sans doute besoin d'écouter cette petite voix qui provient de la sagesse intérieure. Restez ouvert et disposé à rectifier le plan si vous sentez que c'est ce dont le rêve a besoin.

# Les obstacles sont un élément nécessaire au parcours

Les obstacles n'appartiennent pas tous à l'auto-sabotage et ils ne sont pas non plus tous négatifs. En réalité, les obstacles quotidiens font partie de la vie, peu importe le rêve. C'est pour cette raison qu'on ne peut pas relier tous les obstacles au rêve. Ce serait tout à fait stupide de me frustrer chaque fois que quelque chose m'empêche d'écrire. Cela voudrait dire que les anniversaires, une visite urgente chez le vétérinaire ou la préparation du repas du soir devraient être considérés comme de malheureuses obstructions.

Le moment est sans doute venu de considérer les obstacles qui s'interposent aux rêves sous un angle totalement nouveau. Ne peut-on aussi les envisager tout simplement comme des éléments faisant nécessairement partie du parcours? Ceci revient à dire que, de s'acheminer vers la réalisation d'un rêve nous amène à connaître des bas aussi bien que des hauts. Les obstacles plus ou moins importants, ainsi que le grand éventail de sentiments les accompagnant, constituent notre réalité, tout comme notre rêve.

Sur le plan créatif et spirituel, ceci est tout à fait logique. Car nous nous efforçons aussi bien de conserver ce que le rêve a d'intègre que de vivre en même temps la vie de tous les jours. C'est-à-dire que nous devons garder bien à l'esprit notre rêve et en même temps ne pas oublier de jouir de ce que le moment présent nous offre de spontané. Et ne somme-nous pas également inextricablement lié aux rêves de ceux que nous aimons? C'est pour cette raison qu'il y aura toujours du mystère et de l'imprévu dans notre vie.

# Il faut prendre des décisions quotidiennes qui sous-tendent le plan

Le degré de satisfaction que nous éprouvons dans la vie, le degré selon lequel nous pouvons espérer minimiser les obstacles, dépend en grande partie de la solidité du plan que nous avons donné à notre rêve et de notre plus ou moins grande habileté à mettre ce plan en œuvre dans le quotidien.

Si vous rêvez de mieux vous faire connaître dans les milieux artistiques, il tombe sous le sens de vous inscrire à des cercles du genre et à des associations qui vous permettront de vous créer un réseau de connaissances tout en prenant part aux activités offertes.

Si vous rêvez de voyager ou d'avoir une propriété sous les tropiques, alors il serait judicieux de prévoir un régime de retraite solide.

Les adultes pris dans le scénario des «quand je» (quand je vieillirai, quand je prendrai ma retraite, quand j'aurai de l'argent, quand je réussirai dans la vie, quand je perdrai du poids) ont de la difficulté à mettre leur plan en œuvre dans le quotidien. Leur rêve leur fait toujours signe de loin.

Voici maintenant venu le temps de vous questionner au sujet de quelques éléments de base.

*Mon travail est-il compatible avec mon rêve?* Si le travail compte pour une grande part dans votre rêve, avez-vous pris la bonne direction et travaillez-vous dans un domaine connexe? Cibler ce que vous voulez et évoluer dans un milieu de travail incitatif vous aidera grandement à mettre votre rêve en œuvre dans le quotidien. Ceci vaut aussi pour le travail à la pige. Aussitôt que j'aménageai un espace personnel de travail, je me rapprochai du rêve.

Si vous ne pouvez pas trouver de travail dans le domaine de votre rêve, trouvez alors une activité bénévole dans ce même domaine. De nombreux postes de bénévoles se sont déjà transformés en véritables emplois rémunérés. Si vos conditions financières ne vous permettent pas de changer de carrière, alors retournez étudier à temps partiel dans le domaine de votre rêve. Beaucoup de gens trouvent qu'ils peuvent tolérer de travailler dans un domaine sans rapport avec leur rêve si ce travail leur alloue le temps et l'argent nécessaires pour poursuivre leur rêve d'une autre façon. Exemple: occuper un emploi de gardien de nuit dans un immeuble afin de pouvoir rédiger le premier jet de votre roman.

*Mon lieu de résidence est-il compatible avec mon rêve?* Le milieu dans lequel vous vivez influe-t-il positivement sur vous? Peut-être êtes-vous fondamentalement un «rat des champs» qui a besoin de la nature et des grands espaces pour se rapprocher de son rêve?

David voulait avoir sa propre petite affaire et travailler seul. En raison de sa nature de tortue axée sur la ponctualité, la circulation en ville le frustrait de plus en plus chaque jour parce qu'il ne savait jamais quand il arriverait à cause des bouchons de circulation. En plus, il y avait bien sûr sa passion pour la pêche en petit lac dont il fallait tenir compte. S'il voulait vivre dans un environnement compatible avec son rêve, il lui faudrait quitter la ville.

*Mes loisirs et mes divertissements ont-ils leur place dans mon rêve?* Les voyages sont très importants pour certaines personnes, ainsi que les vacances annuelles. «Nous travaillons à fond et nous nous divertissons à fond» est une expression que j'entends souvent. Un couple que je connais s'assure de prendre au moins deux périodes de vacances chaque année. Ils le font surtout pour profiter l'un de l'autre, sans que le travail, la famille, les enfants ou d'autres éléments interfèrent. À cette fin, ils sont disposés à faire certains petits sacrifices. Ils estiment qu'ils ont besoin de consacrer une certaine période de temps à leur relation car ils sont habituellement trop pris pour le faire.

À long terme, leur rêve de retraite, est de transformer ces courtes vacances au soleil en un séjour qui couvrirait tout l'hiver canadien. Entre-temps, ils se retirent de façon régulière dans leur petite maison au bord du lac. Ce couple sait relaxer: ils ont une idée bien claire du genre de loisir qui leur convient et leur plan comprend de saines doses de vacances à deux. D'autres couples auront probablement une conception totalement différente des loisirs.

Que vous prévoyiez faire du camping ensemble, entreprendre un voyage à bicyclette ou collectionner des livres de jardinage pour pouvoir rêver de plates-bandes fleuries, votre rêve trouvera dans ces éléments de quoi s'alimenter. Il est tout à fait regrettable de remettre les loisirs à plus tard ou de les sacrifier totalement jusqu'à ce que le rêve soit atteint. Il faut intégrer plus de loisirs et de divertissements dans le quotidien de votre rêve: le parcours n'en sera que plus beau.

## Il faut mettre en œuvre deux plans pour le rêve

*Le plan global n'est qu'une infime partie du travail. Le plan des tâches quotidiennes, lui, constitue le plus gros du travail.*

Vous avez besoin de prévoir deux plans pour votre rêve: le plan global et le plan des tâches quotidiennes.

*Le plan global* vous permet de voir les choses à long terme: un an, cinq ans ou dix ans. C'est le rêve dans toute sa splendeur et son ampleur, que vous avez conçu en détail. Il est fait de réflexions personnelles et de planification, ainsi que de la description que vous en avez fait à vos amis et à votre famille. Ces éléments sont des étapes essentielles à la réussite du rêve. Et aussi bien votre lièvre que votre tortue participent à cette élaboration: le lièvre contribue en apportant sa vision et son inspiration, alors que la tortue contribue en apportant sa vue d'ensemble sur le plan pratique et organisationnel.

*Le plan des tâches quotidiennes* vous permet de penser dans le contexte de l'ici et du maintenant. Ce sont les étapes, plus courtes mais bien planifiées, qui constituent les gestes quotidiens d'actualisation de votre rêve. Ici, c'est la tortue qui entre en jeu.

Un plan détaillé des gestes quotidiens est tout aussi important qu'un plan global bien clair. Il s'agit des petites tâches qu'il faut accomplir pour pouvoir mener à terme le rêve. Ces tâches ont l'avantage de vous garder dans la bonne direction et en contact permanent avec votre rêve. Elles vous fournissent les preuves tangibles que vous êtes en passe de réaliser ce que vous désirez et confirment votre engagement quotidien face au rêve. Elles donnent un bon coup de pouce à la discipline et à la motivation et vous procurent la gratification de savoir que chaque jour vous faites un pas supplémentaire, petit mais décidé, vers votre but.

## Consignez ces gestes quotidiens dans un journal

C'est une bonne idée de consigner vos gestes quotidiens dans un journal. Vous pourrez ainsi vous faire des listes par ordre de priorité des gestes que vous devez accomplir dans le quotidien pour vous acheminer vers la réalisation de votre rêve. Vous pouvez mettre la touche finale, modifier ou compléter ces listes au fur et à mesure que vous avancez dans le quotidien de votre rêve.

Peut-être voudrez-vous plus tard vous faire une liste journalière de ces tâches. Si vous désirez plus de détails à ce sujet, consultez l'*annexe 3*. Pour l'instant, songez à ce que vous pourriez avoir besoin d'inscrire sur cette liste si vous décidiez d'en dresser une.

*Essayez d'évaluer si les tâches propres à votre rêve sont réalistes.* Vous avez fort probablement votre propre façon de voir quant aux étapes que vous avez besoin d'entreprendre. Cependant, si vous avez la possibilité de parler avec plusieurs personnes qui sont rendues à diverses phases d'un rêve semblable au vôtre, c'est encore mieux. Si leur style de vie ou leur travail correspond à ce dont vous rêvez, vous pourrez leur demander en quoi consiste leur routine quotidienne. Tenez compte du fait que chacun conçoit les choses de façon subjective. Malgré cela, vous aurez tout de même l'occasion de voir les choses sous un jour réaliste et vous éviterez sans doute des déceptions. En plus, en parlant avec des gens, vous recevrez aide et conseils de leur part.

*Faites une liste des tâches quotidiennes propres aux autres domaines de votre vie. Peut-être est-ce le moment d'utiliser une méthode de gestion du temps ou de lire des livres à ce sujet.* Inscrivez sur cette liste absolument toutes les corvées que vous devez accomplir chaque jour et qui n'ont rien à voir avec les gestes quotidiens propres à votre rêve. Donnez-leur un ordre de priorité afin de pouvoir déléguer à d'autres ou d'éliminer celles qui ne sont pas urgentes ni importantes. Vous trouverez ainsi le temps d'accomplir les tâches propres à votre rêve. Lorsque vous serez prêt à passer à cet exercice, consultez l'*annexe 3.*

## Les corvées quotidiennes rivalisent avec les tâches propres au rêve

Quand nous essayons d'atteindre nos buts, nous pouvons souvent mettre des choses de peu d'importance en sourdine. Les placards en pagaille, les jardins envahis par les mauvaises herbes en sont des exemples, et leur importance varie en fonction de qui doit y voir. Il m'est arrivé d'écrire sans souffler un instant afin de respecter une échéance, mais de me sentir harcelée par la pensée que je négligeais mon alimentation ou que je sacrifiais ma promenade quotidienne. J'en suis venue à la conclusion que si ces éléments que j'avais éliminés m'importaient au point qu'ils me dérangeaient justement parce que je les avais mis de côté, il fallait que je les inscrive sur la liste des tâches propres à mon rêve. Ces éléments sont essentiels à la poursuite de mon objectif.

Il n'est pas sage de réaliser un rêve aux dépens de votre tranquillité d'esprit concernant d'autres aspects de votre vie.

*Enfin (et ceci est le plus difficile), trouvez qui s'occupera, et comment, des tâches peu importantes laissées en suspens, mais qui ont cependant besoin d'être accomplies parce qu'elles font partie de la réalité.* Une fois que vous savez que vous ne vivez pas totalement votre rêve à moins que vous ne puissiez prendre le temps chaque été de faire des conserves de pêches aux épices, alors votre plan est superbe. Enfin presque. Même si c'est tout ce qu'il y a de plus ennuyeux, il faut bien penser à décider qui portera les déchets au tas de compost, qui s'occupera de faire faire les révisions de la voiture et ainsi de suite. Vous aurez besoin d'aide pour voir au cycle du nettoyage qui n'en finit jamais avec ces innombrables travaux (nettoyer les toilettes, faire les commissions et faire la lessive), travaux qui ne sont gratifiants qu'en fonction du temps pendant lesquels on peut les oublier. Vous devrez sans doute convoquer une réunion de famille pour pouvoir réorganiser ces tâches et en déléguer certaines. Que quelqu'un d'autre se prête volontaire, que vous deviez négocier ou que vous décidiez de caser ces tâches peu à peu parce que vous en avez décidé ainsi, ceci fait encore partie du plan et doit être pris en considération.

*Après avoir dressé la liste des tâches propres à votre rêve, prévoyez accomplir deux tâches par jour: une faisant partie de la liste propre à votre rêve et l'autre, de la liste des gestes quotidiens.* Mettez vos listes à jour et corrigez-les sur une base régulière.

Vous verrez ainsi de façon concrète les efforts que vous faites pour réaliser votre rêve ainsi que ceux qui permettent à la vie quotidienne de suivre son cours. Même si les gestes quotidiens arrivent en seconde position derrière le rêve, il est impossible de les ignorer. Et ceci réconforte ceux de votre entourage (en particulier les tortues) qui, même s'ils vous supportent dans votre démarche, éprouvent de la difficulté à ignorer la saleté et le chaos que le processus créatif inhérent au rêve entraîne.

Réussir à harmoniser ces deux listes n'est pas facile. Ne laissez pas votre critique intérieur vous juger si vous ne parvenez pas toujours à respecter ce que vous vous êtes donné de faire. Soyez ferme mais pas trop sévère avec vous quand vous entreprenez votre nouvelle routine.

# SAGESSE 8

# Gardez du recul
# par rapport à votre rêve

*« La fourmi est maligne et avisée,*
*Mais elle ne sait pas suffisamment se reposer. »*

CLARENCE DAY

### Est-ce vous qui avez un rêve
### ou est-ce le rêve qui vous possède?

Au début, nos rêves nous absorbent totalement. Notre enthousiasme nouveau nous pousse à nous centrer sur le rêve et à nous y donner à fond, lui consacrant volontiers chaque heure de notre journée. Ceci est non seulement nécessaire pour lancer le plan, mais également utile pour sa conception de base. Il vaut mieux entreprendre toutes les premières étapes avec audace. Ce sont la discipline et la persévérance, de pair avec la croyance inébranlable au potentiel de votre rêve, qui vous permettront de poursuivre votre démarche.

113

Mais, vous découvrirez sans doute à un moment donné que ce qui a commencé par un investissement personnel passionné régente maintenant votre vie. Ceci se traduit par de la fatigue physique et émotionnelle, ainsi qu'un sentiment de désillusion. Accablé par les heures que vous y consacrez, les appels téléphoniques que vous faites, la pression attribuable au stress et les besoins de la famille, le rêve vous tourne sans arrêt dans la tête. Pour commencer, vous aviez un rêve. Maintenant, c'est le rêve qui vous possède.

Le danger avec les rêves qui naissent justement parce que nous voulons élargir nos horizons, c'est de finir pris au piège dans un tunnel sans fin qui nous rend claustrophobe. Si 75 % de votre énergie se trouve canalisée sur un thème (pouvoir, amour, attention, etc.), c'est que vous êtes en déséquilibre par rapport à votre rêve.

Pour éviter les déceptions et l'épuisement, il faut équilibrer votre rêve, lui donner des limites et exercer un contrôle sur lui. Ralentissez le rythme afin de ne pas avoir la sensation que votre rêve est mû par une compulsion exacerbée et que votre vie ne se résume qu'à ça.

## Votre rêve vous donne-t-il encore une impression d'expansion?

Un signe qui indique que vous êtes sur la bonne route et en équilibre par rapport à votre rêve, c'est que celui-ci vous donne encore une impression d'expansion, qu'il vous permet de grandir et vous amène à vous dépasser. En plus d'exiger une attention très soutenue, le rêve demande aussi un grand doigté pour maintenir un certain équilibre.

Tout rêve vous donnant l'impression de vous drainer totalement l'énergie a besoin d'être réévalué. Vous pourrez alors vous poser les questions suivantes:

*Ce rêve me convient-il?* La lassitude indique souvent que le rêve ne vous convient pas ou qu'il est très en déséquilibre par rapport à vous.

*Ce rêve est-il devenu compulsif?* Si vous devenez dépendant de votre rêve dans vos comportements, il vous faut ralentir le rythme et revoir votre plan.

*Si je m'arrête maintenant et ne poursuis pas mon rêve plus loin, ce parcours aura-t-il quand même été valable pour moi?* En d'autres termes, regrettez-vous d'une façon ou d'une autre de constater que le rêve n'est après tout que ce que vous avez maintenant?

Ce dernier point est important et a souvent été évoqué par d'autres auteurs. Le chemin qui mène à la réalisation d'un rêve doit être au moins aussi satisfaisant, peut-être même plus, que son aboutissement. Certaines personnes estiment que le rêve n'est rien d'autre que ce chemin. Plutôt que de brusquement réaliser que vous vous sentez isolé et que vous ne vous amusez plus ou que vous n'amusez plus les autres, votre rêve devra vous avoir amené à explorer certains domaines qui auront suscité en vous un plus grand sens du défi, une impression d'amour-propre accru et un but dans la vie.

## L'horizon est-il toujours en vue?

*Vous devez toujours avoir l'horizon en vue et sentir que votre destination est à votre portée, compte tenu de votre vie du moment.*

Même si votre rêve doit vous donner une sensation d'expansion, par vos buts à long terme ou d'une grande portée, il ne doit pas avoir une ampleur telle que vous vous sentiez comme perdu en mer et démuni de carte de navigation. Un rêve sans délimitations, sans plan et avec un horizon infini à scruter peut certainement vous dépasser. Il vaut mieux savoir quel pays vous allez visiter en premier.

En mer, l'horizon recule toujours tandis que le bateau avance pour s'en rapprocher. Ainsi, à mesure que le bateau atteint un «nouvel horizon», un petit voyage vient s'ajouter aux autres. Dans votre esprit, vous gardez très bien en vue la destination finale alors que, en même temps, vous centrez votre attention sur chaque horizon nouveau qui s'approche. Cette expansion illimitée peut également devenir le propre de votre rêve.

En termes concrets, en ce qui me concerne, j'accorde toute mon attention à chaque chapitre de mon livre tout en

115

«maintenant le cap» sur l'ensemble et sur mon objectif à long terme. De cette façon, je garde un certain recul par rapport à mon rêve tandis que je me donne des objectifs réalistes et réalisables pour chaque petit voyage.

Tracez-vous un itinéraire où vous indiquerez les «petits voyages de la grande odyssée». Vous devriez pouvoir, à toute phase de votre rêve, visualiser la succession des étapes à venir. De cette manière, vous ne perdez jamais de vue votre destination.

## Les bons et les mauvais côtés du sacrifice

On m'a appris que, afin d'arriver à quelque chose dans ce monde, il faut être prêt à travailler extrêmement dur, au prix d'un grand sacrifice personnel. C'est seulement de cette façon, m'a-t-on dit, que je pourrais atteindre mes buts. Que travail et sacrifice aillent de pair en tant que vertus était une croyance que j'avais profondément intégrée. Discipline et responsabilité étaient des termes qui s'accordaient bien avec travail et sacrifice, mais pas avec loisirs ni jeu.

Voici certaines des croyances profondes qui me faisaient associer sacrifice à rêve:

- Si je me sacrifie, j'aurai mérité le rêve.
- Un rêve réalisé sans sacrifice n'en vaut pas la peine.
- Le sacrifice est le prix à payer pour pouvoir apprécier mieux la gratification.
- Plus le sacrifice est grand, plus la gratification l'est aussi.
- Les autres m'aimeront et m'admireront plus, auront plus besoin de moi, si je me sacrifie.
- Le sacrifice est toujours récompensé.

Je ne suis pas surprise aujourd'hui d'avoir atteint si peu de mes rêves quand j'étais plus jeune. Cela me semblait simplement trop difficile. En plus, les médias glorifiaient cette croyance à mes yeux quand je lisais ce qu'était la vie de certaines personnes devenues des vedettes artistiques ou sportives au prix d'un immense sacrifice personnel ou familial. Le message sous-jacent était le suivant: si vous travaillez suffisamment dur et que vous êtes prêt à vous sacrifier, vous êtes capable de faire n'importe quoi et vous le ferez effectivement. Ces croyances semblaient avoir un double effet sur moi. D'un côté, elles me motivaient à vouloir exprimer mon potentiel au maximum, et ceci fonctionnait parfois. De l'autre, leur répercussion sur moi était décourageante de façon proportionnellement inverse car elles suscitaient en moi la peur de ne jamais pouvoir surmonter des épreuves de volonté et d'excellence aussi héroïques.

Il y a quelques temps, rendue à un point tournant de ma vie, je réalisai que je désirais vraiment modifier ces croyances fondamentales liées au sacrifice. J'y parvins en rectifiant simplement ma perception, en remplaçant le terme «sacrifice» par celui de «choix». Par la suite, tous les aspects négatifs auparavant rattachés au terme «sacrifice» n'eurent plus sur moi le même effet. Dorénavant, tant sur le plan du temps, de l'énergie que de l'engagement, je «choisissais» simplement de faire ce qu'il fallait pour le rêve, c'est-à-dire donner, offrir ma disponibilité ou éliminer quelque chose.

Après avoir cru pendant des années que la maternité, les relations, les exercices au piano et ma carrière exigeraient un perpétuel sacrifice, il me suffit d'une conversation avec mon amie Sonya pour changer *instantanément* de perception. Cette notion de sacrifice, Sonya la rejetait tout à fait. «Je ne fais pas de sacrifices», dit-elle, «je fais des choix.» À ce moment-là, je compris immédiatement et clairement le fait que j'étais aussi très disposée et prête à me débarrasser de mon ancien système de croyances. Cette réalisation soudaine fut la clé de mon changement radical d'attitude.

## Quand nous nous donnons corps et âme au rêve

Il existe des athlètes, des artistes, des intellectuels, des politiciens et des dirigeants sociaux qui vivent tellement leur rêve qu'ils deviennent en fait leur propre rêve. C'est-à-dire qu'ils sont fondamentalement *devenus* des disciples de leur propre vision, que leur nom même est associé à leurs idéaux. Si vous vous sentez poussé par une aspiration qui n'a sans doute besoin d'aucune description ni explication, il est tout de même bon de tenir compte de ce qui suit. Quand on se donne corps et âme à un rêve avec cette intensité de dévouement (sacrifice), on

117

choisit de vivre une vie au maximum de son potentiel et de sa productivité. Lorsque ceci ne s'accomplit pas d'une façon destructrice face aux autres ou à soi-même, ce genre de rêve en inspire d'autres semblables.

## Le sacrifice: véritable lâcher-prise et dévouement

Sous son expression la plus élevée, le sacrifice prend la forme du véritable lâcher-prise et du dévouement. Lorsqu'il se pratique dans l'humilité, le courage et la compassion, il devient un acte d'amour pur. Plutôt que de le considérer comme une «croix» ou un fardeau, le sacrifice devient un choix délibéré envers un idéal ou envers le mieux-être des autres.

Ce genre de sacrifice n'attire pas beaucoup l'attention et il n'est pas non plus commun. On le reconnaît plus aux actes qui le traduisent qu'à la voix qui l'anime, et il est fondé sur la spiritualité.

Nous respectons grandement les personnes comme Mère Teresa dont le dévouement envers les pauvres et les mourants est dorénavant reconnu dans le monde entier. Elle est devenue un magnifique symbole de force et de compassion dans l'action.

D'autres gestes d'amour, plus petits mais non moins significatifs, sont actuellement posés par des hommes et des femmes alors qu'ils acquièrent une nouvelle compréhension de ce que le sacrifice est vraiment. Mettre ses besoins de côté, véritablement, par considération pour un autre, sans faire de ressentiment, de sentiment ou tout un drame, c'est un «geste sacré» (et aussi le vrai sens du mot «sacrifice», ainsi que toutes les religions du monde l'enseignent). Tout autre sens que nous donnons au mot est personnel, culturel ou intellectuel. Il est bon, de temps en temps, d'examiner nos croyances en ce qui concerne la notion de sacrifice par rapport à la création artistique, à la famille, au travail, à l'histoire, à la spiritualité, à la vie et à notre créativité, surtout en ce qui a trait à notre rêve.

## Être pur est-il synonyme d'être pauvre?

Tom, un ébéniste de grand talent, rêvait de vivre de son art. Avec sa femme Peggy, il acheta un terrain et y construisit une maison en pièces sur pièces. Puis ils étudièrent ensemble l'agriculture organique dans les livres. Leur plan était de travailler la terre et de devenir autosuffisants. Peggy, qui partageait la même inspiration pour cette vision, la fit sienne et se révéla une partenaire merveilleuse pour le rêve de David. Ses jardins à elle étaient tout aussi beaux et utilitaires que certaines des pièces de Tom.

Avant l'arrivée des enfants, leur train de vie, bien que modeste, leur suffisait amplement. Le couple n'avait pas de besoins excessifs ni exigeants. Mais plus le temps passait, plus le rêve devenait difficile à supporter financièrement, car Tom et Peggy voulaient donner beaucoup à leurs enfants.

Tom prit alors la décision d'accorder moins de priorité aux coffres faits sur commande et aux élégants décors sculptés qui l'avaient fait connaître. Il entreprit de consacrer plus de temps aux tabourets, aux chaises et aux armoires de cuisine et finit par devenir un des meilleurs et plus prospères ébénistes de sa région.

Depuis, il travaille assidûment chaque jour entre douze et quatorze heures dans son atelier. Désirant apprendre un peu d'une tortue qui avait si bien réussi, je lui demandai comment il faisait pour continuer à ce rythme, année après année. «Il le faut, c'est mon travail», répondit-il comme si de rien n'était. «Le matin, je viens à l'atelier et ne le quitte qu'après avoir fait une bonne journée de travail.»

Ce qu'il me dit me frappa et j'eus l'impression qu'il s'agissait plus d'une corvée que de créativité. Je le questionnai un peu pour savoir de quelle façon il s'y prenait pour maintenir une certaine forme d'amour pour son métier. Comment concevait-il sa créativité dans tout ça, et comment cette situation s'harmonisait-elle avec la réalité de sa vie?

Alors que nous continuions de parler, il devint clair que la créativité, sur une base quotidienne, n'était plus la force motrice de sa vie mais plutôt un luxe qu'il s'offrait de temps en temps. «Penses-tu qu'être *pur c'est être pauvre*?», lui demandai-je.

— C'est une bonne façon de dire les choses», répliqua-t-il.

Avant de quitter sa ferme, je pris le temps d'observer de près les derniers tenants du rêve d'origine. Je remarquai des meubles sculptés à la main aux lignes puissantes et pleines de vie, des meubles où je sentis un esprit merveilleusement imaginatif. Son rêve était encore très présent dans ces quelques pièces.

Étant donné que je me trouvais dans une période de questionnement au sujet de ma propre créativité, cette rencontre eut sur moi un effet profond et un peu perturbateur. Pendant un certain temps après cette rencontre, je tournai et retournai la question dans tous les sens: «Être pur, est-ce être pauvre?» Quand je pense à ce couple, je me demande où leur rêve les a conduits aujourd'hui. J'ai l'impression que ce dernier continue sans doute à se développer et que de nouveaux plans l'attendent.

# SAGESSE 9

# Sachez nourrir votre rêve

*«Les rêves sont les pierres de touche*
*de notre détermination.»*

## HENRY DAVID THOREAU

Nous voici arrivés à la partie du rêve où il faut travailler laborieusement. Et si, jusqu'à maintenant, vous n'avez pas totalement investi la force de votre tortue intérieure, il est temps de le faire. Car ce que vous nourrissez essentiellement, c'est le plan qui vous amène à réaliser ce rêve et l'énergie dont vous avez besoin pour rester dans la course.

Pour les tortues confirmées, il est bien sûr beaucoup plus facile de nourrir un rêve que pour les lièvres. Par contre, elles peuvent s'appesantir sur les éléments d'origine du rêve et s'avérer incapables de maintenir un enthousiasme visionnaire, chose que les lièvres excellent à faire. Quant aux lièvres, ils seraient avisés de chercher compagnie auprès de leurs amis tortue afin de trouver conseils et appui pour savoir comment alimenter leur plan.

> *Toutes les leçons de sagesse doivent avoir bien été apprises et maintenant être mises en application afin de nourrir le rêve.*

Qu'avez-vous appris au sujet de vous-même et du rêve? Si vous êtes hésitant ou que vous doutiez de votre capacité à atteindre la ligne d'arrivée, peut-être y a-t-il une leçon qui n'a pas été totalement comprise ou mise en application.

## Quel est le point faible du rêve?

Il y a probablement un domaine dans notre vie dont nous avons beaucoup plus de difficulté à tirer une leçon que d'autres. C'est un aspect de notre vie sur lequel nous butons encore et toujours. Et parce que nous répétons les mêmes expériences, cet aspect de notre vie devient notre point vulnérable, notre talon d'Achille. Mais en donnant un coup de collier supplémentaire et avec un peu plus de volonté, on peut aussi arriver à dépasser cette pierre d'achoppement.

Mon point faible à moi était de ne pas avoir totalement intégré la discipline dans ma vie. Je me retrouvais maintes fois dans un continuel rapport de force entre mon intense désir face au rêve et ma tendance à le fuir.

Tout d'abord, la discipline était l'ennemie et je la laissais s'emparer de moi à contrecœur. En devenant son otage, j'étais forcée de mettre la dernière main au projet ou au livre en cours. Je me dérobais toujours avec un grand soulagement. Mais la discipline tenait bon. Chaque fois qu'un rêve s'évanouissait et que chaque déception me faisait encore plus perdre de vue la direction de celui-ci, la discipline restait dans l'ombre et attendait que je sois disposée à lâcher prise. Quand j'y parvins finalement, la discipline devint une enseignante, non plus une geôlière, et moi, son étudiante empressée.

En fait, mon point faible en avait beaucoup à m'apprendre sur la maîtrise de soi et la volonté, ainsi que sur leur signification respective. Il saurait aussi amener ma «forte tête» à fonctionner consciemment de façon productive pour obtenir des résultats tangibles.

Vous pouvez également voir les choses sous un angle différent: votre point faible est votre côté vulnérable qui, une fois maîtrisé, devient votre force même. Alors que dans d'autres domaines de votre vie vous avez tiré des leçons sans problème, ce domaine-ci est la partie du rêve que vous aimez le moins, que vous craignez le plus ou que vous désirez tout à fait éviter.

- Quelle leçon dois-je tirer de mon point faible?
- Cette leçon vient-elle réveiller d'anciens problèmes profonds ou des problèmes d'enfance?
- Puis-je réaliser mon rêve sans apprendre cette leçon?
- Sinon, suis-je prêt à apprendre de cette leçon?
- Qui ou quoi peut m'aider à apprendre cette leçon?

Venir à bout des défis qu'une telle leçon peut amener, vous permet de vous tester à un niveau très profond.

## Les pauses redonnent de l'énergie

Nous ne sommes ni des gerboises ni des chevaux de trait, mêmes si certaines tortues pensent le contraire. De nombreux rêves se sont réalisés sans grande satisfaction parce que leur protagoniste ne savait pas s'arrêter en cours de route pour prendre le genre de pause qui aurait pu lui redonner de l'énergie. Les pauses qui se résument à des corvées vous vidant de votre énergie ne comptent pas. Payer les factures, épousseter ou nettoyer d'une façon ou d'une autre sont des activités à proscrire. Le dicton qui dit qu'un «changement vaut bien un repos» ne concerne en aucune façon la liste infinie des travaux qui se sont accumulés pendant que votre attention était centrée sur le rêve.

Ce point de vue est totalement biaisé néanmoins et il m'est très personnel parce que j'exècre de tels travaux. Il se pourrait

122

bien que laver le plancher ou la voiture vous détende ou vous redonne de l'énergie. Si c'est le cas, alors c'est le genre de pause qui peut vous convenir. J'ai une amie qui tapisse ses murs chaque fois qu'elle a besoin de «sortir de sa tête» et qui ne peut réussir à comprendre que regarder les poules derrière leur grillage ou préparer trois plaques de biscuits aux pommes est encore mieux que de la méditation pour moi. «Éplucher cinquante pommes en faisant de longues et belles spirales de leur pelure, puis les trancher, me calme totalement», lui dis-je. «Et l'odeur qui sort du four quand les biscuits cuisent me ramène tout droit à mes racines terrestres.»

Les pauses vivifiantes peuvent prendre la forme de vacances brèves, de week-ends espacés ou de moments choisis durant le jour ou en soirée. Vous n'aurez sans doute aucun problème à choisir ce qui vous convient en repassant mentalement les activités qui vous plaisent. Que vous désiriez lire des romans légers, jardiner ou prendre un sauna, vous devez être clément à votre égard et éviter tout comportement trop rigide ou trop compulsif.

En ce qui me concerne, les pauses les plus vivifiantes furent les moments consacrés à une pratique spirituelle quotidienne. J'observai cette pratique dans mes périodes les plus intenses de rédaction. Grâce à la musique, mes livres préférés de poésie, la prière, les lectures inspirantes et les promenades, je réussis à garder un bon moral et à rester concentrée.

## Nourrir le plan peut vouloir dire le revoir

Les considérations d'ordre pécuniaire entourant un rêve peuvent être la source de bien des inquiétudes alors que nous faisons tout notre possible pour faire avancer le rêve. Les besoins sur le plan financier nous obligent parfois à modifier le plan. Il est cependant important de s'en tenir autant que possible à l'essence du rêve d'origine. La plus grande difficulté à modifier un plan provient souvent de notre résistance initiale à adopter le nouveau point de vue requis. Une fois apportées certaines modifications au plan et les ajustements faits, on réalise souvent que le rêve est encore très présent.

David rêvait de quitter la ville et ses tensions pour embrasser la simplicité de la vie à la campagne, trouver un genre de travail plus sain et en plein air, et pouvoir pêcher quand il le désirait. À l'origine, son plan était de mettre sur pied un petit commerce de tonte et d'entretien des pelouses qu'il mènerait tout seul, se faisant occasionnellement aider de notre fils adolescent. Il offrirait ses services aux résidents estivaux des petites maisons de campagne situées tout près et autour du lac. Je fus complètement ahurie de constater avec quelle hardiesse il entreprit cette transition. Peu de temps après notre déménagement, il devint très clair que ce rêve lui convenait parfaitement.

Avec ses méthodes et ses valeurs très solides de tortue, il laissa patiemment faire le temps pour que son petit commerce prenne de l'essor. Il abattit des arbres de Noël durant les journées moroses de novembre, ratissa des monceaux de feuilles mortes en automne et s'en tint à son plan. Pendant les deux premiers hivers, il fit de la rénovation, coupa du bois de chauffage et prit enfin le temps de lire. Il y avait tellement longtemps qu'il n'avait pas lu, qu'il ne se souvenait pas à quand remontait sa dernière lecture.

Cependant, David dut accepter une vérité nouvelle et choquante quant à ce qui était de nourrir le rêve: financièrement, son revenu seul ne suffirait pas à assurer le train de vie de la famille, à moins que je retourne sur le marché du travail ou qu'il envisage de donner de l'expansion à son commerce.

Étant donné que nous n'avions pas prévu la raréfaction de l'emploi au cours de l'hiver, David et moi calculâmes vraiment mal notre capacité à pouvoir supporter ce train de vie, alors que nous travaillions tous les deux à notre compte. Il y avait aussi deux nouveaux éléments à prendre en considération: le fait que nous désirions planifier et économiser pour que les enfants puissent aller à l'université et celui que nous voulions nous assurer une retraite. Ces deux données, et d'autres aussi, nous obligèrent à faire preuve d'une grande imagination et à produire un plan revu proposant une méthode nouvelle et stricte: se débrouiller avec de minces capitaux.

Nous nous demandâmes tout d'abord si nous devions déménager et reprendre notre ancien style de vie. Cela semblait un peu prématuré. Selon David, il était insensé d'aller retrouver les tensions qu'il avait justement choisi de laisser derrière lui. En ce qui me concernait, même si l'écriture générerait toujours un certain revenu, je devais de toute évidence acquérir de nouvelles aptitudes. Entreprendre un commerce de détail ne me vint jamais à l'idée. Et je décidai donc de reprendre le chemin de l'école pour suivre des cours de conseiller en abus de consommation de substances toxiques.

En modifiant le plan, je fis un grand détour. Ce cours ne m'aida pas à décrocher le travail que j'avais espéré trouver dans les services sociaux. Les retombées positives ne s'en firent sentir que beaucoup plus tard, quand je mis sur pied *Angelika & Co.*. Mon grand intérêt pour les histoires, les mythes et la spiritualité chez l'homme et la femme m'avait poussée à suivre des ateliers sur ces thèmes. Ces expériences, ainsi que ma formation de conseillère, me permirent de développer ma connaissance et ma compréhension des domaines de la croissance personnelle, de la santé et de la guérison. Cette formation contribua au succès de mon entreprise d'une façon que je n'avais pas prévue.

## Les porte-flambeaux
## de notre vision font toute la différence

Lorsque nous apprenons comment nourrir notre rêve, nous atteignons un point particulièrement vulnérable dans notre cheminement, car c'est une étape où tout ce que nous voulons faire parfois, c'est décrocher. Les porte-flambeaux, ceux qui nous supportent dans nos rêves, ne savent pas à quel point l'encouragement est crucial et ce qu'ils nous procurent dans ces moments-là. Dans le cas de l'écriture, seule la personne qui a formulé le rêve d'écrire peut réaliser son rêve. Celui qui écrit peut donc finir par ressentir un sentiment de lassitude et de solitude. Avoir autour de soi des porte-flambeaux qui souhaitent véritablement entendre parler du rêve, même si à cette étape-ci il est devenu une vieille rengaine, c'est une vraie bénédiction.

Les personnes qui vous souhaitent tout le bien possible pour votre rêve sont toutes aussi importantes les unes que les autres. Ce sont vos supporters.

Rendue au point crucial de la rédaction de ce livre, je reçus une note de ma fille qui passait ses vacances avec sa tante et ses grands-parents. Elle me manquait depuis plusieurs jours et je me sentais abattue par l'horaire rigide que je m'étais donné. Elle m'envoya le petit mot suivant:

*Ma chère maman,*

*Tu me manques beaucoup. J'espère que ton livre avance bien. N'oublie pas que je crois en toi.*
*À bientôt!*

*Kate Clubb*

*P.S.: Je t'aime très fort!*

Ce sont les porte-flambeaux comme Kate qui aident celui qui poursuit un rêve à y croire. Il ne faut pas sous-estimer le cadeau qu'ils nous font.

## SAGESSE 10

# Revenez dans la course quand le rêve déraille

*«L'adversité a le don de provoquer l'expression de talents qui, en temps prospères, seraient autrement restés secrets.»*

HORACE

Quand le rêve déraille, peu importe la raison, on se sent totalement anéanti. C'est peut-être un événement ou un traumatisme totalement imprévu qui vous a fait dérailler et interrompre votre parcours. Ou encore craigniez-vous déjà depuis quelques temps l'imminence d'une catastrophe, ainsi que certains signes avant-coureurs le laissaient présager puisque des «crises» mineures se produisaient et retardaient l'avancement du plan et du rêve. La plupart des incidents majeurs peuvent occasionner un «déraillement». Cependant, il est important de comprendre que du moment que vous considérez, vous, l'incident comme majeur, cela suffit pour que l'effet fasse son œuvre.

Le déraillement, c'est un peu comme l'abandon d'un rêve, sauf qu'il est «forcé» et prend la forme en quelque sorte d'une désagréable mésaventure. Quand un rêve déraille, nous avons parfois envie de crier: «Ce n'est pas juste!» Il s'agit toujours d'une épreuve qui testera notre persévérance, notre talent et notre courage.

Il est difficile de faire une démarcation nette entre le «déraillement» physique, émotionnel ou spirituel, car ces divers niveaux sont intimement liés. Ce qui a pu commencer par un accident sur le plan physique causera sous peu une réaction émotionnelle tout aussi grave. Ce qui a commencé par un problème émotionnel aura à un moment donné des répercussions sur le corps sous forme de stress et de maladie. Une fois que vous aurez appris l'équilibre et la maîtrise de soi en vous servant de votre tête, plutôt que de réagir de façon destructive, vous pourrez peut-être à nouveau penser à reconstruire le plan qui vous aidera à «soigner» le rêve. La plupart du temps, c'est très difficile et cela exige beaucoup de pratique, de patience et, surtout, de foi.

Après de tels déraillements, il faut faire appel à toute votre énergie pour revenir dans la course, avec un rêve, un plan et une vie.

*L'accident ou la maladie (plan physique).* Il est arrivé à tous, à un moment ou un autre, de voir son cheminement interrompu par un accident ou la maladie. Et, comme toute notre attention est reportée sur cet handicap temporaire ou permanent pour pouvoir composer avec lui, notre rêve subit un contretemps majeur. Les maladies passagères mettent notre patience et notre capacité à nous soigner à l'épreuve. Les lièvres, quant à eux, devront ralentir le rythme et adopter celui de la tortue jusqu'à ce qu'ils retrouvent totalement la santé.

Si vous ne retrouvez pas complètement votre état normal de santé, vous devrez alors faire face à une démarche de rééducation et accepter tôt ou tard que votre santé défaillante ait certaines répercussions sur votre rêve et sur votre plan. Le choc résultant d'un accident physique grave peut rapidement vous conduire à un choc émotionnel dont il est difficile de sortir. Si c'est le cas pour vous, il faudra vous donner tout le temps nécessaire pour arriver à accepter ce qui vous arrive.

Consulter un thérapeute et demander le soutien de la famille et des amis vous sera bien sûr d'un grand secours. Il est également possible, dans certaines circonstances, qu'un «déraillement» physique soit une forme inconsciente d'auto-sabotage. C'est ce que me disait une amie psychothérapeute qui s'occupe de maladies psychosomatiques. Dans ce cas-là, le «déraillement» physique est probablement un moyen d'abandonner le rêve afin d'éviter de devoir composer avec les conflits qui surviennent entre rêve, plan, circonstances et relations.

Cependant, beaucoup de gens affrontent souvent ce type d'empêchement physique avec une volonté et un courage surprenants. Au lieu d'abandonner totalement leur rêve, certaines personnes le modifient afin de pouvoir le conserver.

*La dépression.* Il s'agit d'une lassitude profonde d'origine émotionnelle. Des années de sacrifices faits pour le rêve se traduisent par du désenchantement et une absence de joie. Parce que la gratification n'est pas à la mesure des attentes, qu'elle n'arrive pas à compenser ou qu'il n'y en a pas du tout, vous avez peu à peu glissé vers un état dépressif. Bien sûr, vous ne l'avez pas fait intentionnellement, mais votre vie semble s'être brusquement arrêtée. Vous n'avez plus envie de faire d'efforts ni pour poursuivre le rêve ni pour vous en tenir au plan. L'immobilisme s'installe et vous sentez que vous vous enfoncez. Vous avez beau essayer de vous en sortir, vous restez toujours dans cette phase stagnante de dépression.

Rien n'y fera. Ni la bonne volonté de la famille et des amis, ni la pression qu'ils mettent pour trouver une solution à cette expérience isolante. Très souvent, vous refusez l'aide et les invitations proposées. Vous vous en sentez peut-être un peu coupable; cependant, tout vous est égal.

Si vous vous retrouvez dans cette description, alors il vous faut savoir que la dépression a un cycle à elle, qu'elle est la «nuit noire de l'âme», pour vous et votre rêve. Vous avez peut-être besoin de passer à travers une phase durant laquelle vous dites oui à la dépression. Plus tard viendra peut-être encore une autre phase, celle où vous combattrez consciemment la dépression. Et, même si vous avez l'impression que vous ne sortirez jamais de cet engourdissement et de cette stagnation, un jour l'énergie changera, ne serait-ce que légèrement, et vous saurez à ce moment-là que vous êtes prêt à reprendre le dessus.

Il y a quelques années, une femme avisée du nom de Pearl me dit la chose suivante: «Parfois, il faut dire non sans devoir nécessairement se mettre l'âme à nu. Pendant un petit bout de temps, il est bon de se laisser vivre comme une feuille de nénuphar: quand la coupe déborde, il faut juste se laisser flotter jusqu'à ce que quelque chose de nouveau émerge. Il faut reconstituer ses propres ressources et se materner.» Cette femme parlait en fait de l'intimité et de l'isolation personnelles dont on a besoin pour résoudre nos problèmes.

Se sortir d'une dépression et des affections qui y sont reliées est une expérience personnelle dont l'envergure déborde du cadre de cet ouvrage. Pour certains, la dépression est une bataille qui ne sera peut-être jamais complètement gagnée. Pour d'autres, elle est une descente en spirale qui mène vers la transformation, vers une ouverture nouvelle et significative. Elle est une expérience qui permet d'affirmer la force intérieure et de renouveler la foi en soi et dans le rêve.

*Les dépendances.* Les dépendances résultent de la frustration accumulée lorsque nos besoins et nos attentes n'ont pas été comblées. Quand les efforts faits pour réaliser le rêve n'amènent pas la gratification attendue, nous substituons celle-ci par un remplaçant de second ordre. Souvent, les gens qui sont aux prises avec des problèmes de dépendance souffrent en partie d'une sorte de vide spirituel: leur vie quotidienne est devenue banale et vide de sens. Comme nous manquons de moyens pour prendre du recul, nous cherchons alors à raviver ce qui se cache derrière cette sensation d'inertie et de fermeture. Une boulimie naît en nous et nous nous tournons vers les sens pour venir en aide à notre humeur, notre énergie, notre libido, vers *n'importe quoi* pourvu que nous nous sentions à nouveau bien, ne serait-ce qu'un instant.

Si vous vous inquiétez qu'une dépendance puisse faire dérailler votre rêve, c'est que vous avez laissé, consciemment ou inconsciemment, une dépendance influencer votre vie et la dominer. Alors que la dépendance subtilise l'énergie au rêve et vous détourne de votre plan, votre vie devient le foyer d'un rapport de force entre votre dépendance et vous.

Au début, les dépendances donnent la fausse impression de stimuler le rêve. Nous consommons certaines substances ou nous utilisons nos dépendances pour raviver notre style de vie ou nos habitudes de travail. Mais, en fin de compte, ces dépendances nous épuisent, créent un déséquilibre, et se traduisent par de la fatigue et des pensées obsessionnelles. Comme un incendie qu'on ne peut plus contrôler, les dépendances prennent de l'ampleur et «dévorent» le rêve pour ne nous laisser que des cendres et une habitude cauchemardesque qui peut éventuellement aussi nous détruire. Cette accoutumance se traduit à un moment donné par une crise qui fait dérailler le rêve et nous confronte à l'unique solution: chercher à nous faire soigner.

*Blessures d'enfance et problèmes d'abus.* Les dépendances sont parfois un mécanisme de défense que nous utilisons pour « anesthésier » et reléguer dans l'oubli les problèmes très douloureux du passé. Et lorsqu'on décide de se guérir d'une dépendance, on débusque sans y prendre garde de vieux conflits d'enfance non résolus. Et, plutôt que de faire face à la colère et à la peine non exprimées, nous choisissons de nous renfermer pour moins sentir la douleur. Cette fermeture devient l'armure qui nous protège des souvenirs et des confrontations, pendant que nous continuons de protéger ceux que nous aimons et ceux qui nous ont fait mal. Par ailleurs, ce sont souvent les mêmes personnes.

Dans tout rêve, même lorsqu'il n'y a aucun comportement de dépendance, les vieux traumatismes remontent souvent à la surface et demandent à être guéris. Les problèmes d'abus et les blessures d'enfance surviennent sous la forme de vieilles peurs et de saboteurs juste au moment où vous vous y attendez le moins. La réaction première est de les réprimer ou de remettre à plus tard la paix que nous voulons faire avec notre passé. Nos objectifs de vie, nos projets ou notre engagement face aux autres nous permettent souvent de nous en détourner pendant des années. Mais un jour, un événement ou la vie, dans un de ses détours, viendra réveiller un problème que nous avons profondément enfoui en nous.

Le déraillement du rêve se produit donc quand des gens ou des événements réveillent en nous de vieux problèmes. Notre patron qui nous rappelle le message que nous passaient nos parents autrefois: «Essaie encore, ce n'est pas encore assez bien.» Un client qui vous rappelle ce qu'un professeur vous disait: «Tu n'es pas créatif.» Vous êtes témoin de la honte que votre enfant intérieur ressent et cela vous renvoie à toute la honte qui est enfouie en vous.

Selon moi, les blessures d'enfance se guérissent non pas en une année, mais tout au long d'une vie. En faisant face à notre passé, nous reprenons contact avec notre enfant intérieur blessé et nous redécouvrons ainsi, par la même occasion, un trésor caché en nous: la source créatrice qui nous permettra de recommencer à alimenter le rêve. Mais ce déraillement vous donne peut-être maintenant l'occasion de vous concentrer totalement sur la guérison, vous obligeant à laisser votre rêve en plan pour un bout de temps. Plus tard, viendra le moment où vous pourrez reprendre votre rêve tout en continuant votre démarche de guérison.

*Crise propre à une situation.* Tous les autres déraillements tomberont sans doute dans cette catégorie. Nous devons apprendre à accepter que la vie est un constant flux et reflux. Malgré cela, le rêve et le plan doivent avancer d'une façon ou d'une autre et il ne faut pas les lâcher.

Des gens de pouvoir faisant obstruction à votre rêve peuvent très bien vous faire dérailler. Ils ont probablement le pouvoir de modifier ou de saboter le rêve et sont souvent tellement pris par leurs activités qu'il leur est impossible de saisir ce dont votre rêve et vous êtes faits. Ce genre de déraillement vous servira à évaluer jusqu'à quel point vous êtes prêt à compromettre votre rêve. Si vous y croyez vraiment, vous reviendrez en piste en faisant face à ceux qui le contrent ou en choisissant d'évoluer dans un milieu plus propice à votre rêve.

Un déraillement provoqué par une crise financière, comme une récession, représente un sérieux contretemps pour un rêve dont la survie exige un minimum de liquidités. Les transactions financières que vous avez déjà faites, votre esprit de débrouillardise face aux questions d'argent et le support des autres sont autant d'éléments qui vous permettront de rester à flot. Vous avez peut-être fait tout ce qu'il fallait, mais vous avez quand même déraillé à cause de la malchance ou d'un mauvais «timing».

## Quand vous ne pouvez pas revenir dans la course

Vous avez accepté le déraillement de votre rêve et vous pensez en comprendre le sens. Vous vous êtes demandé «Comment cela a-t-il pu m'arriver?» et «Pourquoi est-ce arrivé?» Puis, même après avoir essayé plusieurs fois de reprendre le rêve et le plan, vous ne pouvez pas revenir dans la course. Le rêve ne suscite plus en vous le même enthousiasme qu'au début. Vous vous souvenez de l'immense énergie que vous lui aviez accordée dans ses étapes initiales et vous réalisez que vous devrez fournir un effort semblable. Mais cet effort vous paraît tout simplement trop grand. Sans trop bien comprendre pourquoi, vous avez perdu la motivation et la discipline. Et vous vous posez la question suivante: «Quoi faire maintenant?»

*Revoyez et clarifiez votre rêve*. C'est le moment de revoir en profondeur *l'énoncé de votre vision* tel qu'il était à l'origine pour voir si oui ou non ce rêve est pour vous. S'il l'est, repassez chaque étape du plan ainsi que les onze chapitres intitulés «Sagesse » pour trouver où sont les blocages. Accomplissez une chose par jour, un petit geste que vous posez quotidiennement pour votre rêve et qui n'est pas trop exigeant. Si vous êtes écrivain, vous pourriez recommencer à réactiver le rêve en tenant un journal où vous consignerez chaque jour vos pensées. Faites-le en vous amusant et pour le plaisir de relire vos écrits de vos propres yeux. Cela aidera votre spontanéité à s'exprimer.

*Trouvez-vous d'autres personnes qui ont un rêve*. Vous avez besoin de stimulation pour réactiver le désir et la motivation face à votre rêve. Faites consciemment l'effort de vous associer à des gens et à des événements qui parlent avec passion de buts, de rêves et de plans. Il n'est pas nécessaire que ce soit dans le même domaine que le vôtre. Pour moi, aller voir une exposition artistique est quelque chose de très stimulant. Rencontrez également des gens rendus à des étapes diverses de leur rêve. Les entendre parler de leurs progrès viendra vous stimuler.

*Ne cherchez pas la compagnie d'autres dérailleurs, à moins que vous ne soyez revenu en piste.* Ce n'est pas le moment de penser au déraillement ni à la peur de ne pas pouvoir revenir en piste. C'est pourquoi il est bon d'éviter de côtoyer des amis aussi découragés que vous ou faisant de la fixation sur les blocages et le côté négatif des choses. Lorsque vous serez revenu en piste, vous disposerez à votre tour de suffisamment de réserves pour pouvoir aider les autres à surmonter leur découragement.

*Passez plus de temps avec des enfants ayant des rêves.* Il n'y a rien de plus motivant que l'habileté spontanée des enfants à souhaiter, fantasmer et rêver. Écoutez les enfants raconter leurs rêves et inspirez-vous-en pour les vôtres. Observez la détermination dont les enfants font preuve pour atteindre leurs objectifs. Encouragez-les fortement lorsque vous constatez que leurs rêves se réalisent.

*Lisez des livres inspirants, créatifs et traitant de spiritualité.* La spiritualité, la méditation et la lecture contemplative peuvent vous aider à retrouver le sens profond que le rêve avait pour vous autrefois. Les livres parlant du courage et de la persévérance de ceux qui ont eu la vie dure pour réaliser leur rêve sont inspirants. Que vous vous considériez comme un poète, un fermier ou les deux, vous trouverez les livres qui vous conviennent parmi la multitude d'ouvrages d'inspiration qui soutiennent que la vie est là pour nourrir les rêves.

*Devenez le mentor du rêve de quelqu'un d'autre.* Quand nous devenons le mentor du rêve d'une personne moins expérimentée que nous, nous nous retrouvons dans ce rêve et cette phase que nous avons connus plus tôt. Ceci est une expérience mutuellement satisfaisante, si évidemment on adopte pour cela l'attitude juste. Devenir le mentor d'un enfant est passionnant.

Si, par contre, vous vous sentez encore un peu négatif ou amer suite à votre déraillement, ne cherchez pas à devenir le mentor d'un autre pour l'instant. Ces sentiments pourraient être perçus par l'autre et le décourager. Quel que soit le prix que vous avez payé, vous pourrez partager votre expérience de façon à aider l'autre à dresser ses plans et peut-être à éviter un déraillement semblable.

## N'allez pas plus vite que le courant

Lorsqu'on peut recommencer à rêver après une période de fermeture et d'immobilisme, renaissent l'optimisme et l'exaltation, deux éléments décisifs pour le rêve. La sensation du moment est également instable et imprévisible. Néanmoins, vous êtes une fois de plus disposé à être le lièvre enthousiaste qui court derrière les rêves.

Votre sagesse ainsi que votre hardiesse vous poussent à raviver la fertilité de votre imagination et votre volonté. Et vous vous engagez à nouveau dans cet immense acte de foi, si nécessaire au rêve et au plan. Certains diront que vous êtes fou, d'autres vous féliciteront. Et, même si le résultat n'est garanti en aucun cas, vous avez au moins compris une chose. Un rêve est un processus créatif qui a son cycle; il est en quelque sorte une entité vivante et organique.

Revenir en piste après avoir subi un déraillement, c'est un peu vous abandonner à la vie, puisque vous retrouvez une harmonie avec une énergie qui vous portera tout au long de votre parcours. Ce qu'il faut apprendre par contre, c'est de ne pas aller plus vite que le courant pendant que vous tenez la barre. Une fois que vous avez compris cela, l'équilibre est établi et vos façons de voir les choses et de vivre deviennent plus vivifiantes: vous laissez tomber le passé et devenez *plus présent* à l'instant.

Faisons honneur à ce processus.

## SAGESSE 11

# Abandonnez le rêve
# et préparez-vous au renouveau

*« L'espoir est la chose emplumée*
*Qui se perche sur notre âme*
*Et chante une mélodie sans paroles*
*Sans jamais s'arrêter. »*

EMILY DICKINSON

### Quand le moment
### n'est pas encore venu de lâcher prise

Si autrefois le rêve nous inspirait, maintenant il est devenu le témoin de nos larmes, des larmes qui, au point de vue métaphorique, emportent nos nombreuses illusions. Le moment de lâcher prise est arrivé, ainsi que celui de se détacher du rêve.

Dans ce geste, nous nous détachons également des mois, si ce n'est des années, des aspiration et des buts auxquels nous étions attachés. Nous pleurons la perte de tout ce à quoi nous tenions et sommes résolus à laisser le rêve dans le passé. Même si les larmes continuent à couler, nous sentons en nous l'amorce d'un mouvement différent. La peine s'accompagne maintenant d'un sentiment de soulagement. Et, au cœur même de cette transformation, à notre grande surprise, nous découvrons que le moment n'est pas encore venu de nous détacher du rêve.

Nombreux sont ceux d'entre nous qui connaissent une telle crise. Au moment même où nous souhaitons le plus nous détacher du rêve, nous en sommes incapables. Alors que la logique même nous dit d'y mettre un point final, nous ne pouvons pas tout à fait en éteindre les derniers tisons. Au lieu de cela, nous nous y accrochons de plus belle. Et, animés par un second élan de détermination, que nous sommes étonnés de découvrir en nous, nous poursuivons notre route. Ce

135

point tournant est crucial car il est la synthèse de l'intense énergie mise dans nos derniers efforts, alors que nous nous promettions du nouveau et restructurions le plan qui nous permettrait de reconstruire notre rêve.

## Quand nous résistons au détachement

Nous nous sommes tous déjà accrochés à une idée, un rêve ou un plan plus longtemps que ce qu'il était salutaire ou productif de faire, que ce soit pour nous et pour ceux qui partageaient notre rêve. Incapable d'accepter la nécessité de lâcher prise, incapable d'abandonner le rêve, nous essayons souvent désespérément de conserver notre rêve à tout prix, peu importe le moyen.

Mais il y a un prix à payer pour ça. Étant donné que vous vous accrochez à un rêve que vous avez dépassé, vous vous retrouvez coincé dans une situation qui ne peut certainement pas vous rendre heureux. Résister au détachement maintenant rend la démarche plus difficile et plus pénible dans l'avenir.

Si vous avez dû vous détacher de votre rêve de force, à cause d'un décès, d'un échec en affaires ou d'un divorce, donnez-vous tout le temps qu'il faut pour digérer votre peine. Faites preuve de compassion envers vous pendant que vous laissez aller les espoirs et les attentes qui faisaient partie de votre rêve. Sachez affronter avec force le futur inconnu et abandonnez-vous- y. Car vous ne savez pas encore de quoi ce futur sera fait et ce n'est pas non plus le moment de le savoir. Ce n'est plus non plus le moment de s'appesantir sur le passé.

Maintenant, plus que jamais, le moment est venu de devenir cette «feuille de nénuphar» qui se laisse simplement flotter, sans offrir aucune résistance aux courants intérieurs et extérieurs. Fiez-vous à un pouvoir plus grand que le vôtre et restez ouvert afin de pouvoir reconnaître et recevoir les parcelles de grâce qui arriveront vers vous alors que vous amorcez votre guérison.

## Quand vous vous sentez pris au piège

Le rêve s'est éteint depuis longtemps et pourtant vous vous y accrochez encore en raison de certaines nécessités et réalités.

Les raisons sont nombreuses et individuelles.

- Vous ne pouvez pas aller de l'avant parce que vous manquez de ressources financières personnelles.
- Même si vous savez qu'il est bon de sortir les enfants d'une situation malheureuse, vous constatez que le moment n'est pas  propice et vous savez que si vous abandonnez le rêve, ils seront encore plus malheureux.
- Même si vous abandonniez votre rêve, vous savez que vous n'avez pas les compétences pour trouver du travail et que vous  n'avez aucun débouché.
- Vous avez peur des conséquences négatives de votre geste pour vous et pour ceux que vous aimez, ainsi que les réactions négatives qu'il susciterait de part et d'autre.

Les années ont détruit tout votre amour-propre. Si vous laissiez tomber votre rêve, vous n'auriez pas la moindre idée par où et comment commencer.

Si une ou plusieurs de ces raisons vous appartiennent, ce dont vous avez le plus besoin en ce moment est d'un plan qui permettra d'abandonner votre rêve. Vous n'avez pas besoin d'un autre rêve. C'est une des rares occasions où le plan passe avant le rêve.

Même si vous pensez qu'il vous est impossible d'abandonner votre rêve en ce moment, il vous faut, pour pouvoir le lâcher un jour, vous efforcer tout d'abord de croire que, si le moment était effectivement le bon, vous seriez prêt au point de vue émotionnel, et vous *pourriez* abandonner votre rêve. Vous devez aussi vous dire que rien n'est fini pour vous et que vous pouvez vous construire une vie (même si vous n'avez aucune idée de ce qu'elle pourrait être). Que même si vous ne pouvez pas immédiatement faire de changements sur un plan concret, vous pouvez concevoir un plan et y travailler dans l'intention de vous en servir une fois que vous aurez réussi à lâcher prise.

Tout ceci peut vous paraître manipulateur ou faussé comme démarche, mais peut-être n'avez-vous pas le choix. Afin de vous protéger les autres et vous à l'avenir, vous avez besoin de devenir une tortue ou un lièvre «rusé». Vous devez abandonner votre rêve avec méthode et en douceur, et, pour ce faire, établir des plans pour passer à l'action.

Si, pour abandonner votre rêve, vous avez besoin de retourner aux études, alors entreprenez immédiatement de suivre un cours par correspondance ou à l'université. Ce premier pas vous permettra peut-être de vraiment vouloir lâcher prise. Peu importe l'état actuel de votre amour-propre, vous serez tout de même capable d'y arriver. Si c'est d'un emploi dont vous avez besoin, commencez par quelque chose à temps partiel. Si vous ne trouvez rien, alors faites du bénévolat. Cela vous donnera l'occasion de rencontrer des gens qui vous aideront à avancer. Cela vaut mieux que de faire du surplace.

Vous n'avez pas besoin d'un plan extrêmement détaillé en ce moment. Ne faites pas part de vos idées aux gens qui pourraient vous encourager à accepter la situation telle qu'elle est. Parlez plutôt à quelqu'un qui saura entrevoir pour vous une issue que vous n'êtes pas capable de voir vous-même. Et lorsqu'un ami cher vous dit: «Je te verrais bien apprendre à te servir d'un ordinateur ou travailler avec les enfants», sachez les croire. Faites surtout preuve de patience envers vous et ayez espoir en vous et en l'avenir.

## Histoire d'une mère et de sa fille

Si vous êtes le père ou la mère d'un enfant que non seulement vous respectez mais dont vous encouragez avec amour les rêves, je vous en félicite. Puisse mon livre vous avoir quelque peu éclairé sur certains aspects.

Voici l'exemple d'une femme qui comprend très bien ce que croire en sa fille veut dire et qui sait quoi faire pour entretenir cette conviction. Elle sait par ailleurs aussi prendre assez de distance pour permettre à sa fille d'embrasser son avenir à sa façon.

Un article qui en parlait, intitulé «Aidez Heather à réaliser son rêve», attira instinctivement mon attention en raison du mot «rêve». Je le lus donc avec grand intérêt. Heather avait été acceptée par une prestigieuse école de danse et l'intention de cet article était d'appeler la collectivité à lui offrir son appui financier. Heather était déterminée à faire carrière dans la danse classique. D'ailleurs ses parents et ses professeurs connaissaient son rêve depuis un certain temps déjà. Elle avait enfin atteint le point où sa persévérance et son talent étaient reconnus.

Dès le moment où Heather avait exprimé le rêve qu'elle voulait réaliser, sa mère était devenue son porte-flambeau. «Je me suis toujours vue un peu comme un gros coussin qui absorbe les chocs», me dit-elle, «sur lequel Heather peut retomber quand elle trébuche.»

Au contraire du parent qui projette sur son enfant ses propres ambitions non réalisées, la mère d'Heather saisit très bien que sa fille devait désirer le rêve aussi fort, si ce n'est plus fort qu'elle-même. Au moment de la parution de l'article, la mère d'Heather avait également très bien compris que le temps était venu de laisser les autres aider sa fille. Elle devait s'effacer un peu et permettre à de nouveaux supporters, et peut-être un mentor, d'entrer en jeu pour Heather. «Je ne me suis même pas encore demandée ce que je ferai de tout le temps que j'aurai à ma disposition une fois qu'Heather sera partie. Ce sera difficile de passer à autre chose, mais je sais qu'Heather doit avancer et recevoir une formation auprès de sa nouvelle famille.»

Ceci ne s'est cependant pas encore réalisé. La sollicitation de la mère d'Heather auprès de la collectivité n'a eu que très peu de succès. Elle se demande souvent ces jours-ci si elle ne prépare pas sa fille à une amère déception.

Jusqu'ici le rêve se porte toujours bien.

## Vous avez réalisé votre rêve. Et maintenant?

Vous avez réalisé votre rêve: vous vous sentez émerveillé et aussi quelque peu humble, car vous éprouvez de la gratitude pour ceux qui vous ont épaulé en cours de route. Vous pouvez maintenant prendre le temps de vous détendre. Laissez le lièvre ou la tortue se reposer à l'ombre du chêne, tout en sachant que ce repos est bien mérité et doit se savourer. Certains rêves ne vous permettront néanmoins pas de vous reposer très longtemps, justement parce qu'ils exigent énormément d'énergie et de mouvement. Par ailleurs, certaines personnes ne se donneront pas le temps de savourer leur succès et entreprendront immédiatement et trop vite une autre quête.

Si vous le pouvez, pénétrez-vous de cette sensation de satisfaction et célébrez la réalisation de votre rêve pendant suffisamment de temps pour pouvoir en ressentir pleinement la gratification et l'aboutissement. Le rêve a porté fruit. Et rendu à cette étape de votre cheminement, vous vous posez peut-être déjà consciemment la question: Et maintenant?

Pour les inconditionnels du rêve, la réponse est de continuer à rêver. Beaucoup de ces derniers cependant ne savent pas immédiatement quelle direction leur prochain rêve prendra. Et, selon moi, ce n'est pas très important.

Si vous croyez aux rêves et à la créativité, vous n'aurez pas de mal à croire non plus qu'un nouveau rêve viendra à votre rencontre au moment propice. Les tortues et les lièvres avisés savent qu'ils ont besoin de récupérer leur énergie avant d'entreprendre une toute nouvelle démarche. La créativité a ses propres pouvoirs de régénération. L'univers est une immense fontaine à souhaits contenant suffisamment de rêves pour pouvoir combler nos désirs à tous. Vous pourrez y puiser votre prochain rêve.

La condition première est de reconnaître votre pouvoir créatif et d'y croire. La seconde est de vous tourner vers votre enfant intérieur pour y puiser la confiance qui vous permettra de croire que de nouveaux rêves se présenteront sur votre chemin. Commencez donc par prêter attention aux petits désirs que vous sentez en vous. Puis, à l'instar de Sara, formulez des souhaits, de nombreux et beaux souhaits.

# ÉPILOGUE

Je crois en la bonté des gens. Chaque fois qu'une collectivité se rallie pour aider quelqu'un dans le besoin, je constate la preuve tangible de la compassion et de l'entraide. Un pays tout entier retient son souffle lorsqu'un bambin est tombé dans un puits. Et quand des milliers de bénévoles se regroupent pour rechercher un enfant disparu, l'angoisse nous étreint car nous savons que cet enfant aurait pu être notre fils ou notre fille. Quelle que soit l'origine du besoin, nous y répondons individuellement et collectivement.

Avec le même élan d'amour, devenons donc les porte-flambeaux de nos enfants. N'est-il pas également important de supporter ceux qui ne connaissent ni la peur ni la tristesse? N'oublions pas ce qui existe au sein même de nos foyers: des enfants qui ont besoin de notre support et de notre foi en eux. N'est-il pas merveilleux et satisfaisant de leur faire ce cadeau et d'encourager ces jeunes vies pleines de créativité et d'espoir?

Il est temps de prendre le temps de supporter les rêves de nos enfants, de donner librement de l'amour à ces enfants qui rêvent de danser, de construire, de chanter, de peindre, d'écrire, d'inventer et de rêver.

141

# ANNEXE 1

## Questions que les lièvres
## et les tortues ont besoin de se poser

Prenez bien votre temps pour faire les exercices suivants. Servez-vous de votre journal intime ou inscrivez vos réponses dans l'espace prévu à cet effet. Demandez aussi à quelqu'un de confiance de faire le même exercice à votre sujet: cela aide parfois. Une fois que vous avez fini, comparez vos réponses respectives et prenez note des ressemblances et des différences. Partagez ensuite vos impressions.

Faites un crochet dans les divers secteurs de votre vie où s'expriment votre tortue et votre lièvre.

|  | TORTUE | LIÈVRE |
|---|---|---|
| Conjoint |  |  |
| Enfants |  |  |
| Parents |  |  |
| Frères et sœurs |  |  |
| Amis |  |  |
| Collègues de travail |  |  |
| Employeur |  |  |
| Collectivité |  |  |
| Loisirs |  |  |
| Créativité |  |  |
| Argent |  |  |
| Santé |  |  |
| Habillement |  |  |
| Voiture |  |  |
| Image personnelle |  |  |
| Image professionnelle |  |  |
| Autres |  |  |

Même si vous sentez que prédomine en vous la tortue ou le lièvre, il est fort probable que vous ayez coché le lièvre aussi bien que la tortue dans l'exercice précédent. Ceci veut dire que, chez vous, s'expriment aussi bien l'énergie du lièvre que celle de la tortue. Vous sentez-vous bien ainsi? Êtes-vous satisfait de la situation? Vous établissez des relations avec d'autres tortues et d'autres lièvres, et votre tortue et votre lièvre intérieurs sont également en relation. Sentez-vous que cette relation est équilibrée? Si ce n'est pas le cas, cela vaudrait peut-être la peine de prendre le temps de répondre aux questions suivantes:

*Quels sont les aspects positifs du LIÈVRE que j'exprime?*

*Quels sont les aspects négatifs du LIÈVRE que j'exprime?*

*Quels sont les aspects positifs de la TORTUE que j'exprime?*

*Quels sont les aspects négatifs de la TORTUE que j'exprime?*

*Suis-je satisfait des choses telles qu'elles sont? Est-ce vraiment ce que je suis?*

*Dans quels domaines suis-je le LIÈVRE ou la TORTUE que je ne veux pas être?*

*Si je le pouvais, dans quels domaines de ma vie apporterais-je le plus de changement dans l'immédiat?*

*Les autres me perçoivent-ils comme l'opposé de ce que je sens réellement être? Qui? Et dans quels domaines de ma vie?*

Vous avez maintenant une bonne idée des parties de vous que vous voulez changer pour vous sentir plus véritablement vous-même, c'est-à-dire pour devenir plus tortue ou plus lièvre dans les secteurs de votre vie où vous le désirez ou vous en avez besoin.

## ANNEXE 2

### Rédigez l'énoncé de la vision
### que vous avez de votre rêve

Avec cette technique de rédaction de journal intime, non seulement votre rêve prendra la parole, mais vous aussi.

Choisissez votre cassette préférée de détente, de préférence une visualisation axée sur la détente corporelle et accompagnée d'une agréable musique méditative. Faites l'exercice de relaxation.

Ouvrez les yeux et écrivez (en style télégraphique si cela vous convient) ce que vous pensez que votre rêve est. Ajoutez autant de détails qu'il faut pour avoir une idée bien claire et bien nette de la *direction dans laquelle vous désirez emmener votre rêve*. Ne prêtez que peu d'attention à la calligraphie, la grammaire, l'orthographe, etc., et efforcez-vous d'écrire assez rapidement.

Continuez l'exercice de la façon suivante:

*Vous avez la parole: Dans quelle direction est-ce que je veux emmener le rêve?*

Maintenant, détendez-vous à nouveau dans votre fauteuil, rembobinez la cassette en laissant votre mental se calmer. Refaites le même exercice de relaxation. Ouvrez les yeux. Cette fois-ci, vous allez écrire ce que vous croyez que le rêve veut devenir. Ajoutez des détails pour avoir une idée bien claire et bien nette de la *direction dans laquelle votre rêve veut vous emmener*. Efforcez-vous d'écrire assez rapidement.

Continuez l'exercice de la façon suivante:

*Votre rêve a la parole: Dans quelle direction le rêve veut-il m'emmener?*

À l'aide de deux surligneurs de couleurs différentes, in-diquez sur votre feuille celles de vos intentions qui concordent avec le rêve et celles qui ne concordent pas avec lui. Les discordances correspondent à des domaines dans lesquels vous pouvez vous attendre à rencontrer des blocages et sur lesquels vous devrez faire un travail personnel. Si vous le désirez, vous pouvez ajouter ceux-ci au plan de votre rêve. Vous devrez faire preuve de flexibilité et de patience pour donner au rêve le temps de se manifester, surtout si certains de ces blocages ravivent de vieux et sérieux problèmes.

Après avoir lu les éléments qui concordent, résumez en une ou plusieurs phrases ce qu'il y a de commun entre le rêve et vous au niveau des intentions et des engagements.

Continuez l'exercice de la façon suivante:
*Quel est l'énoncé de la vision que j'ai de mon rêve?*

## ANNEXE 3

### Dressez la liste des tâches propres au rêve

Voici quoi faire pour dresser une liste quotidienne des gestes à poser pour réaliser votre rêve:

*1. Écrivez les nombreuses choses que vous devez faire pour réaliser votre rêve,* y compris les détails connexes mais néanmoins importants. Nous faisons souvent traîner les choses que nous aimons le moins: elles doivent cependant aussi être intégrées au plan. Voici la liste que, en tant que personne qui écrit, je pourrais penser à rédiger:

- Acheter un magnétophone pour enregistrer les conférences, mes pensées et mes idées.
- Rédiger une soumission de projet de livre.
- Communiquer avec d'autres personnes qui écrivent.
- Réserver chaque jour une heure à l'écriture.
- Mettre de l'ordre dans mon classeur.
- Prendre un cours pour apprendre à me servir d'un ordinateur.
- Faire de la recherche pour trouver de nouvelles idées.
- Trouver le temps de rester en contact avec mes amis.
- Faire du yoga.

Prenez note de tout ce qui vous vient à l'esprit.

### Liste des tâches quotidiennes:

2. *Rédigez votre liste en classant les éléments par ordre de priorité et selon leur importance.* Laissez de côté vos préférences et soyez aussi objectif que possible. La façon dont vous restructurez votre liste pour en faire un plan d'action est tout à fait personnelle. Vous voudrez peut-être regrouper les choses que vous aimez et celles que vous n'aimez pas. Vous pourrez passer d'une liste à l'autre pour tempérer sous forme de gratification les choses que vous n'aimez pas par celles que vous aimez. Ou bien, vous choisirez, comme je l'ai fait, de changer d'attitude face aux choses qui vous rebutent et de les considérer comme un moyen de développer votre discipline (*voir* Sagesse 6). Quand j'ai arrêté de considérer la discipline comme quelque chose de négatif, ma résistance face aux tâches moins gratifiantes a aussi disparu.

**Tâches agréables**                     **Tâches moins agréables**

3. *Comprenez bien la portée de ces tâches pour votre rêve.* Faites encore une fois deux colonnes: une pour y rédiger les tâches et l'autre pour y décrire la façon dont vous pensez que ces dernières vous permettront de réaliser votre rêve. Ceci vous donnera une idée du schéma à suivre pour donner des étapes à votre plan. Vous pouvez éliminer certaines tâches qui ne sont pas d'une grande aide au rêve et remanier celles qui restent pour les classer par ordre d'importance. Cette «tâche» elle-même peut être ardue et des commentaires judicieux vous seront d'un grand secours. Pour l'instant, dressez simplement une liste de ce que vous croyez que le rêve demande comme engagement quotidien.

**Tâche**                    **Portée de la tâche pour le rêve**

*4. Faites une évaluation de votre perception de l'étape 3. C'est-à-dire, examinez et évaluez chaque tâche que vous estimez nécessaire au rêve pour vérifier si elles sont réalistes.* Vous avez probablement votre idée bien à vous des étapes que vous devez entreprendre, et c'est tant mieux. Cependant, essayez de parler avec plusieurs personnes qui se trouvent à diverses étapes d'un rêve semblable au vôtre. Prenez note dans votre journal des informations que vous aurez reçues. Si ces gens expérimentent déjà le style de vie ou le travail de leur rêve, demandez-leur quel est leur train-train quotidien.

## Commentaires

*5. Dressez une liste des choses propres aux autres dimensions de votre vie.* Cette liste comprendra toutes les petites corvées que vous devez faire en plus des tâches propres à votre rêve. Classez-les par priorité afin de déléguer ou d'éliminer celles qui ne sont ni urgentes ni importantes. Ceci vous donnera ainsi du temps pour les tâches propres à votre rêve. Rendu à cette étape, il serait judicieux d'envisager d'utiliser une méthode de gestion du temps.

**Tâches urgentes**            **Tâches non urgentes**

6. Trouvez qui s'occupera, et comment, des corvées laissées en suspens mais cependant très réelles dont il faut s'occuper. C'est une considération vraiment ennuyeuse, mais qui portera les déchets organiques au tas de compost? Il faudra peut-être convoquer une réunion de famille pour pouvoir déléguer certaines de ces tâches.

**Tâches**                                    **Responsables**

*7. Prévoyez accomplir deux tâches par jour: une faisant partie de la liste des tâches propres à votre rêve, l'autre de celle des corvées quotidiennes.* Mettez vos listes à jour et corrigez-les sur une base régulière. Vous verrez ainsi de façon tangible les efforts que vous faites pour réaliser votre rêve ainsi que ceux pour permettre à la vie quotidienne de suivre son cours. Même si les gestes quotidiens arrivent en seconde position derrière le rêve, il est impossible de les ignorer. Et ce n'est pas chose facile. Ne laissez pas votre critique intérieur entrer en jeu si vous ne parvenez pas toujours à respecter ce que vous vous êtes donné de faire. Soyez ferme mais pas trop sévère avec vous quand vous entreprenez votre nouvelle routine.

| Liste des tâches propres au rêve | Liste des tâches autres |
|---|---|
|  |  |

# À PROPOS DE L'AUTEURE

Angelika Clubb est une auteure et une animatrice de groupe spécialisée dans les symboles universels, les mythes et le pouvoir des histoires. Diplômée de l'University of Western Ontario et de l'University of Toronto en littérature anglaise et allemande, elle a aussi étudié à la Addiction Research Foundation en counselling sur les toxico-dépendances. Des études subséquentes en psychologie jungienne et en art expressif et symbolique influencent son travail actuel.

Angelika Clubb est l'auteure de *Mad about Muffins* et de deux autres livres de cuisine. Elle a aussi écrit un livre basé sur de la recherche et sur son expérience de seconde épouse et de belle-mère, livre qu'elle a intitulé *Love in the Blended Family*. Elle anime des ateliers au cours desquels elle aborde les défis qui doivent être relevés dans les familles reconstituées, la compatibilité entre le style de vie et la carrière, et les scénarios autodestructeurs de comportement et de pensées.

Angelika vit actuellement à Muskoka, en Ontario au Canada auprès de sa famille et est propriétaire de *Angelika & Co.*, une boutique de nouveautés et de livres axés sur la croissance personnelle, doublée d'une entreprise de conseils en créativité.

- Programme courant des ateliers *Roue de la sagesse*, Les symboles: outils de transformation et mythes et histoires personnelles.
- Jeu de cartes *Roue de la sagesse*. Jeu de cartes pour découvrir et établir vos buts afin de donner un plan à votre rêve et un rêve à votre plan.
- Catalogue pour commande postale d'objet d'art symbolique, de cadeaux et de livres.

Si vous désirez de plus amples informations sur les éléments ci-dessous, veuillez adresser vos demandes à :

Angelika & Co.
C. P. 125
Baysville (Ontario) P0B 1A0
Canada

☐ Oui, faites-moi parvenir
le catalogue de vos
publications et les
informations sur vos
nouveautés

☐ Non, je ne désire pas
recevoir votre catalogue
mais seulement les
informations sur vos
nouveautés

*OFFRE SPÉCIALE*

*OFFRE SPÉCIALE*

# OFFRE D'UN CATALOGUE GRATUIT

Nom: _____

Profession: _____

Compagnie: _____

Adresse: _____

Ville: _____ Code postal: _____

Code postal: _____

Téléphone: (____)_____ Télécopieur: (____)_____

**Découpez et postez à:** Les éditions Un monde différent ltée
3925, Grande-Allée, Saint-Hubert,
Québec, Canada   J4T 2V8

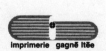

imprimerie   gagné ltée